El reino de Kush

Una guía fascinante de un antiguo reino africano en Nubia que una vez gobernó Egipto

© Copyright 2020

Todos los derechos reservados. Ninguna parte de este libro puede ser reproducida de ninguna forma sin el permiso escrito del autor. Los revisores pueden citar breves pasajes en las reseñas.

Descargo de responsabilidad: Ninguna parte de esta publicación puede ser reproducida o transmitida de ninguna forma o por ningún medio, mecánico o electrónico, incluyendo fotocopias o grabaciones, o por ningún sistema de almacenamiento y recuperación de información, o transmitida por correo electrónico sin permiso escrito del editor.

Si bien se ha hecho todo lo posible por verificar la información proporcionada en esta publicación, ni el autor ni el editor asumen responsabilidad alguna por los errores, omisiones o interpretaciones contrarias al tema aquí tratado.

Este libro es solo para fines de entretenimiento. Las opiniones expresadas son únicamente las del autor y no deben tomarse como instrucciones u órdenes de expertos. El lector es responsable de sus propias acciones.

La adhesión a todas las leyes y regulaciones aplicables, incluyendo las leyes internacionales, federales, estatales y locales que rigen la concesión de licencias profesionales, las prácticas comerciales, la publicidad y todos los demás aspectos de la realización de negocios en los EE. UU., Canadá, Reino Unido o cualquier otra jurisdicción es responsabilidad exclusiva del comprador o del lector.

Ni el autor ni el editor asumen responsabilidad alguna en nombre del comprador o lector de estos materiales. Cualquier desaire percibido de cualquier individuo u organización es puramente involuntario.

Índice

INTRODUCCIÓN 1
CAPÍTULO 1 - NUBIA Y EL SURGIMIENTO DEL REINO DE KUSH 3
CAPÍTULO 2 - DE ALARA A LA VIGÉSIMO QUINTA DINASTÍA 17
CAPÍTULO 3 - LOS GOBERNANTES DE LA VIGÉSIMO QUINTA
DINASTÍA 27
CAPÍTULO 4 - CONTINÚAN LAS RELACIONES ENTRE KUSH
Y EGIPTO..40
CAPÍTULO 5 - KUSH ENTRE LOS SIGLOS VI Y III 49
CAPÍTULO 6 - LA DINASTÍA MEROÍTICA..60
CAPÍTULO 7 - LOS ÚLTIMOS SIGLOS DEL REINO DE KUSH 74
CAPÍTULO 8 - LA SOCIEDAD DE KUSH 83
VEA MÁS LIBROS ESCRITOS POR CAPTIVATING HISTORY 95
CONCLUSIÓN..96

Introducción

El reino de Kush fue completamente olvidado una vez que llegó a su fin. Las historias de su poderío no sobrevivieron en las culturas de sus reinos sucesores, posiblemente porque pronto se produjo la cristianización, que requirió que la gente de la región nubia se volviera hacia el este y los mitos del mesías cristiano. Ya no había lugar para los gobernantes divinos, Amón y Re, ni para sus hijos, los reyes de Kush. El reino seguía existiendo en las historias de algunos escritores clásicos, pero a menudo era considerado nada más que un reino distante, probablemente incluso imaginario, donde vivían los salvajes incivilizados.

Con el renovado interés en las artes clásicas de Grecia y Roma, el Renacimiento redescubrió la existencia de Kush. Sin embargo, no fue explorado hasta la expedición de Napoleón a Egipto en 1798. Incluso entonces, fue visto como parte de la cultura egipcia. Los descubrimientos hechos por los exploradores de los siglos XVIII y XIX demostraron que había, de hecho, dos culturas separadas. Sin embargo, esta explicación fue muy influenciada por el darwinismo. Los eruditos presentaron a toda África como un lugar donde los hombres blancos civilizados gobernaban sobre los "negros incivilizados". Kush no era una excepción para ellos, y la opinión general era que Egipto gobernaba sobre los kusitas incivilizados.

Incluso se vio al gobierno de la vigésimo quinta dinastía simplemente como los kusitas menos afortunados imitando a los egipcios superiores.

No fue hasta principios del siglo XX que el reino de Kush recibió el lugar que le correspondía en la historia. Cuando se realizó el primer estudio arqueológico de Nubia entre 1907 y 1911, surgieron los aspectos culturales distintivos del reino de Kush, y finalmente se lo consideró como una entidad separada de Egipto. Se sugirió la cronología detallada del reino de Kush, y arqueólogos de todo el mundo vinieron a explorar la singularidad de la región del Nilo Medio. Sin embargo, los primeros arqueólogos modernos estaban muy influenciados por la opinión del Renacimiento de que la civilización "Hamítica" gobernaba sobre el incivilizado mundo africano, y esta opinión era difícil de cambiar. Desafortunadamente, la falta de financiación e interés llevó a que se descuidaran los sitios de excavación en Nubia.

La ampliación de la presa de Asuán en el decenio de 1960 amenazó con sumergir una gran parte de los sitios de excavación nubios bajo el agua para siempre. Para evitar que esto ocurriera, la UNESCO organizó una expedición arqueológica, cuyo propósito era preservar todo lo encontrado entre la Primera y la Segunda Catarata del Nilo. Durante el período de salvación de la UNESCO, se encontraron más de 1.000 nuevos sitios de excavación, y se completó una enorme cantidad de trabajo arqueológico. Esto dio lugar a un cambio de opinión sobre la cultura de la región del Nilo Medio. Ya no se adoctrinaba a los eruditos con la visión renacentista de los kusitas como "negros incivilizados" gobernados por egipcios superiores. Finalmente, el pragmatismo ganó, y la verdad real sobre el reino de Kush y sus gobernantes salió a la luz. A partir de la década de 1960, comenzó la comprensión y el reconocimiento del reino de Kush. La historia de Kush pudo finalmente ser escrita.

Capítulo 1 - Nubia y el surgimiento del reino de Kush

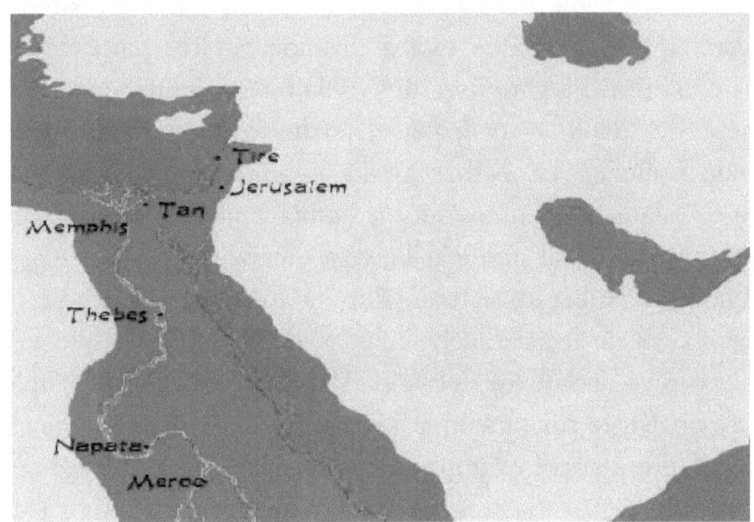

Kush en el 700 a. C., en su máxima extensión
https://en.wikipedia.org/wiki/Kingdom_of_Kush#/media/
File:Kusita_empire_700bc.jpg

Nubia, una región quizás más misteriosa que Egipto, despierta la imaginación de la gente de todo el mundo porque fue mal entendida. Aunque perteneció a Egipto en algunos momentos de la historia, nunca fue realmente una parte integral del antiguo reino. De hecho, fue el lugar de nacimiento de varias civilizaciones, y los hallazgos modernos incluso sugieren que fue el lugar de nacimiento de los primeros faraones y del propio Egipto. Uno de los reinos más conocidos de Nubia no es otro que el reino de Kush. Para seguir el origen del reino de Kush, tenemos que ver lo que hay en lo profundo de las arenas nubias, lo que había allí antes de que Egipto comenzara a extender su influencia en la región (¿o era al revés?).

La región de Nubia se encontraba al sur de Egipto, junto al flujo del río Nilo. Ocupaba todo el valle del río Nilo al sur de la ciudad egipcia de Asuán hasta la capital de Sudán: Jartum. Fue en Asuán donde fluyeron las primeras aguas poco profundas del gran río, y se conoció como la Primera Catarata del Nilo. La Primera Catarata ya no existe, ya que la moderna presa de Asuán está ahora allí. La región de Nubia también era conocida como las cataratas del Nilo, ya que solía haber seis aguas poco profundas por las que ningún barco podía navegar. La propia Nubia estaba dividida en tres partes: superior, media e inferior. La parte baja de Nubia estaba dentro de las actuales fronteras de Egipto, y ocupaba el territorio desde la Primera a la Segunda Catarata. La Nubia Media estaba entre la Segunda y la Tercera Catarata, mientras que la Nubia Superior se extendía por todos los territorios al sur de la Tercera Catarata.

El nombre Nubia no se usaba durante los reinos Antiguo o Nuevo de Egipto. Es de fecha mucho más tardía, y surgió cuando el reino meroítico cayó (alrededor del siglo IV a. C.). Los egipcios llamaron a esta región Kush, mientras que los griegos se refirieron a ella como Etiopía. Sin embargo, es importante recordar que los griegos usaron este nombre para varias regiones del continente africano, ya que su significado, "La tierra de la Cara Quemada", no sugería tan sutilmente que el área estaba ocupada por una población de piel oscura. El nombre Nubia proviene del pueblo nómada Noba que vivió allí después del reino meroítico, alrededor del siglo IV a. C.

Cuando el Egipto prehistórico emergió como poder político alrededor del año 3500 a. C. (más o menos unos cuantos siglos, ya que los eruditos no pueden ponerse de acuerdo sobre la fecha exacta), ya existía una civilización en el territorio nubio. Se la denomina la cultura del grupo A, y ya había desarrollado el comercio con lo que entonces era Egipto. Alrededor del 3100 a. C., la primera dinastía de Egipto inició una nueva era al unir los reinos del Bajo y el Alto Egipto. Parece que, en este punto, Nubia era parte del reino recién unificado, y algunos eruditos incluso sugieren que la cultura del grupo A influyó en la unificación del valle del Nilo.

Los pueblos que se asentaron en Nubia durante el Egipto prehistórico eran una mezcla de antiguas tribus del Sudán, las regiones subsaharianas e incluso las regiones del oeste. Esta mezcla produjo una cultura única, que daría origen a lo que se conoce como la cultura egipcia y nubia. Sin embargo, los pueblos del grupo A desaparecieron de la región alrededor del siglo XXVIII a. C. Se especula que fueron completamente absorbidos por el estilo de vida egipcio, ya que parece que hasta el 2500 a. C., Nubia estuvo desierta. Otra posibilidad es que fuera ocupada por una cultura muy inferior, llamada el grupo B, que no dejó ningún rastro en la historia. Sin embargo, en el siglo XXIV a. C., comenzó el surgimiento del grupo C, y los hallazgos arqueológicos prueban que estaban relacionados con el grupo A. Se cree que los descendientes del grupo C fueron los que finalmente regresaron a la región, aunque también es posible que el grupo A nunca se haya ido. Pero la cultura de la región nubia atravesó un período de renacimiento y volvió a sus raíces. Los eruditos la conocen como la cultura Kerma, ya que el centro de su civilización estaba en la capital del reino, Kerma.

Durante el Reino Medio de Egipto (2040-1640 a. C.), las relaciones con la civilización nubia de Kerma fueron mixtas. Ciertamente hubo algunos conflictos armados, ya que Egipto se anexionó algunos de los territorios nubios, pero también hubo épocas de comercio y cooperación pacíficos. Incluso hay evidencia de matrimonios mixtos y amistad entre las dos culturas. Egipto siempre estuvo interesado en los territorios de la Baja Nubia porque era una puerta de entrada al comercio con la Alta Nubia y las partes exóticas de África. Los faraones del Reino Medio trataron de obtener el control de la región tanto a través de la guerra como de la diplomacia.

Al principio, se pensó que el reino de Kerma era solo uno de los pequeños estados que ocupaban el valle del Nilo en la época del Reino Medio. Sin embargo, descubrimientos posteriores demostraron que Kerma extendió su influencia en territorios mucho más grandes. Se pensaba que la ciudad de Kerma, en el actual Sudán, era el único sitio arqueológico de la cultura Kerma. A medida que las exploraciones continuaron hacia el sur, hacia lo que una vez fue la frontera de Egipto con las regiones nubias, los eruditos se sorprendieron al descubrir más asentamientos y cementerios de Kerma.

El tamaño del territorio de Kerma demuestra que esta civilización fue un poder político influyente en la región. No es de extrañar que fueran de interés para Egipto. Eran tanto aliados potenciales como posibles enemigos, y eran capaces de rivalizar con el poder del faraón. El reino de Kerma incluso inspiró a los egipcios a levantar una serie de fortificaciones a lo largo de su frontera sur, por ejemplo, como las de Buhen y Qubban en la región del Nilo Medio. Aún se desconoce si se usaron para la defensa o para el ataque.

Es interesante que estas fortalezas egipcias también se usaron como centros de comercio y cultura donde tanto la población egipcia como la nubia se involucraban en negocios. Esto se debió probablemente al hecho de que las rutas del oro de las minas de las regiones del sur de Nubia estaban aquí, en la frontera de los dos reinos. Egipto necesitaba que el oro continuara fluyendo a su paso, y una de las mejores maneras de asegurarlo era a través de la paz. Algunos historiadores incluso sugieren que la absorción de la Baja Nubia por Egipto fue gradual y que los gobernantes de Kerma fueron obedientes. Otros sugieren que fue el aumento de poder de la rica clase media de Kerma lo que obligó a Egipto a enviar expediciones militares a la región.

La conexión entre Egipto y Nubia fue constante, y la influencia de las dos culturas entre sí es evidente. Tanto los gobernantes egipcios como los nubios de Kerma usaban símbolos muy similares para definir su posición. Pero fue durante el Nuevo Reino que las dos culturas se volvieron casi indistinguibles. Aunque los textos del primer Reino Nuevo se referían a las regiones nubias como Ta-Seti, la "Tierra Curva" o la "Tierra del Arco" (ya que la gente de allí era famosa por sus habilidades con el arco), fue durante los años de decadencia de Kerma cuando se produjo la primera mención de Kush. El pueblo Kerma probablemente hablaba la lengua kusita, y se cree que fueron los primeros fundadores del reino de Kush, o más bien que los kusitas se levantaron de la civilización Kerma. Fueron estos kusitas los que lucharon contra el intento de anexión de Egipto durante el gobierno del faraón Kamose (alrededor del 1500 a. C.) y su sucesor Amosis I (1552-1527 a. C.). Los textos que los dos faraones dejaron atrás son la primera fuente escrita en la que el reino de Kerma se denomina Kush en lugar de Ta-Seti.

No se sabe cómo el reino de Kush obtuvo su nombre en primer lugar. Para los egipcios, siempre fue conocido como Ta-Seti, incluso antes del Viejo Reino. Pero se desconoce cuál era el nombre nativo de Nubia en tiempos prehistóricos. Tal vez siempre fue Kush o alguna versión de este nombre, y Egipto comenzó a usar su nombre nativo cuando reconoció la importancia de la región. La región más septentrional de Nubia, que limitaba con Egipto, se conocía como Wawat, o "Baja Nubia", mientras que el nombre alternativo de la región era Ta-Neshy, la "Tierra del Pueblo Negro". Esto es similar a la Etiopía griega, la "Tierra de la Cara Quemada". Así, tanto egipcios como griegos reconocieron al pueblo indígena de Nubia, pero no se sabe si estos nombres se referían a toda Nubia o solo a ciertas partes.

La anexión por parte de Egipto de los territorios de la Baja Nubia tuvo éxito, y continuó acaparando tierras más al sur bajo el faraón Amenhotep I (1525-1504 a. C., en disputa) y Tutmosis I (1506-1494 a. C.). Conquistaron Sai y Bugdumbush, los dos principales centros de la civilización de Kerma, además de la ciudad de Kerma. Finalmente, Egipto llegó a las zonas de minas de oro del desierto oriental, donde el camino de Korosko se encontraba con el Nilo. El camino de Korosko era una antigua ruta terrestre que usaban las caravanas comerciales para evitar las aguas inexpugnables de la Segunda, Tercera y Cuarta Cataratas del Nilo. Durante el gobierno de Tutmosis III (1479-1425 a. C.), se estableció el control total de Nubia, y Egipto se extendió hasta la Cuarta Catarata del Nilo. Este también era un territorio productor de oro, y como tal, era muy importante para Egipto. Allí, en la pequeña montaña de Gebel Barkal, Tutmose III fundó la ciudad egipcia más meridional, Napata, alrededor de 1460 a. C.

La región nubia bajo Egipto estaba supervisada por un virrey conocido como los "Hijos del Rey". Esto era solo un título, ya que no estaban realmente relacionados con el faraón, aunque podrían haber sido miembros de la familia real. Durante el reinado de Amenhotep II (1427-1401/1397 a. C.), el título fue cambiado a "Hijos del Rey de Kush". Los virreyes siempre eran elegidos de entre las filas de los burócratas reales, de la caballería o de los administradores estables. Eran responsables del pueblo de Nubia, y su principal tarea era recaudar impuestos y tributos. Las minas de oro también estaban bajo su mirada, ya que eran directamente responsables de la producción de oro. Los virreyes tenían el mando total de las tropas militares nubias, pero parece que también había un "comandante de batallón de Kush". Esto significa que el virrey probablemente solo tenía el poder de comandar el ejército si invocaba su derecho. De lo contrario, el comando estaba en manos del comandante del batallón. Wawat (Baja Nubia) y Kush (Alta Nubia) tenían sus propios vicegobernadores, que eran nombrados por el virrey.

Nubia pasó siglos bajo el dominio egipcio, y no es de extrañar que la influencia cultural entre las dos regiones fuera tan profunda. Desde la primera ocupación en el Reino Medio hasta el final del Nuevo Reino, los territorios kusitas sufrieron extensos proyectos de construcción. Se erigieron templos y monumentos para celebrar a los dioses y faraones egipcios. Incluso ciudades enteras fueron fundadas por los templos-cultos, y gradualmente, se convirtieron en centros económicos. En Wawat, dos grandes ciudades brotaron como la residencia de los vicegobernadores: Faras y Aniba. Ciudades similares en Kush fueron Soleb y Amara. También eran asentamientos militares, y rápidamente prosperaron y se convirtieron en los centros de poder de la economía de la región.

Los pueblos nubios estaban rodeados de tierras fértiles, que la población nativa cultivaba extensamente. Pero la tierra no era una posesión del pueblo. Era propiedad de los templos, los faraones, los miembros de la familia real, los altos cargos y probablemente los locales ricos, que eran descendientes de los príncipes indígenas. Los plebeyos solo tenían derecho a trabajar la tierra, probablemente por un porcentaje de la cosecha.

Los cultos egipcios fueron responsables de ejercer mucha influencia en las tierras nubias de Wawat y Kush. Los templos, que estaban dedicados a dioses como Horus, Amón-Re y Ptah, se construyeron por todo el país. Estos cultos estaban estrechamente ligados a la adoración del faraón, que era visto como una divinidad en la tierra. Nubia también aceptó los cultos de Hathor e Isis, aunque en una forma ligeramente cambiada y localizada. Faraones como Tutmosis III y Amenhotep III erigieron templos en los que eran adorados como gobernantes vivos. Esta no era una práctica poco común, pero era nueva en Nubia. El pico del culto faraónico ocurrió durante el gobierno de Ramsés II (1279-1212 a. C.), que introdujo los monumentales templos tallados en roca en Nubia. Antes de esto, la roca era transportada desde diferentes lugares. Durante el gobierno de Ramsés, los templos fueron cortados directamente en la ladera de una pequeña montaña o formación rocosa.

El nivel de adaptación a Egipto por el que pasó la sociedad nubia dependía en gran medida de la condición social de los individuos. Las familias de élite se educaron en las escuelas egipcias, y después de unas décadas, incluso empezaron a adoptar nombres egipcios. Cuando morían, eran enterrados según la tradición egipcia. De hecho, son las costumbres mortuorias las que más nos informan sobre el nivel de adaptación egipcia de los locales. Debido a la evidencia material encontrada alrededor de las excavaciones, al principio se asumió erróneamente que la sociedad nubia en su conjunto estaba igualmente integrada en las normas egipcias. Sin embargo, las pruebas materiales solo demuestran que la economía egipcia era fuerte; por lo tanto, habría sido normal que los lugareños comenzaran a utilizar los artículos de la cultura superior. Por lo tanto, es más seguro confiar en las costumbres de entierro, y estas revelan bastante. La gente común de Nubia, tanto en las ciudades como en el campo, carece de los aspectos religiosos egipcios en sus costumbres mortuorias. Usaron equipos de entierro egipcios, pero también integraron sus propias costumbres y derechos mortuorios. Esto es evidente por la falta de inscripciones de los nombres de los difuntos, así como por la supervivencia de la religión indígena en forma de iconografía.

Parece que los indígenas de Nubia enterraban a sus muertos, dedicándolos a la diosa local *Nhsmks*. Ella nunca es mencionada en la religión egipcia, al menos de acuerdo a la evidencia que los arqueólogos han encontrado hasta ahora. Este es el principal problema de las religiones antiguas, ya que muchas de las pruebas aún yacen enterradas bajo tierra. Por ahora, la principal creencia es que la cultura indígena nubia sobrevivió junto a la recién introducida cultura egipcia, al menos entre los plebeyos.

El fin del dominio egipcio

Egipto dominó Nubia durante casi cinco siglos (1550-1069 a. C.), e integró con éxito toda la región bajo su administración. La extensión de los territorios del reino egipcio se consideraba su deber real, y cada faraón tenía que involucrar a los reinos vecinos en una guerra territorial. Es posible que fuera así como Nubia quedó bajo el dominio de Egipto. Pero la extensión se detuvo en la Cuarta Catarata del Nilo, y parece que los egipcios perdieron el interés en una mayor conquista. Aunque hay fuertes evidencias que sugieren la propaganda contra los reyes locales en el lejano sur, Egipto nunca tomó esos territorios bajo su control total. Esto podría deberse a que los deberes reales de "conquistar nuevos territorios" y "repeler a los enemigos del Estado" no se habían considerado sagrados desde el gobierno de Ramsés III (1186-1154 a. C.).

Aunque Nubia estaba bien asimilada en la cultura egipcia, especialmente por la élite descendiente de los gobernantes indígenas, el territorio experimentó muchas rebeliones. Hay registros de numerosas sublevaciones que ocurrieron entre 1401 y 1186. No hay pruebas que sugieran la causa de esas rebeliones, pero hubo conflictos militares en el territorio nubio bajo casi todos los gobernantes hasta la vigésima dinastía. Los académicos modernos sugieren que la razón de algunos de los conflictos podría ser que los nubios eran reacios a perder su control sobre las áreas productoras de oro.

A fines de la vigésima dinastía, Egipto se retiró de la Alta Nubia, dejando el control de Napata y otros centros económicos del sur en manos de gobernantes indígenas. Aunque la presencia egipcia disminuyó, eso no significa que la Alta Nubia ganara su independencia. Parece que los gobernantes locales de Nubia no fueron tratados como vasallos de Egipto, a diferencia de los príncipes de Libia y Punt. Algunos creen que la retirada de Egipto no fue una decisión repentina de un faraón sino un proceso gradual. Según esta teoría, fue Ramsés III quien se retiró hacia el norte, creando una nueva frontera sur en Kawa. Después de Ramsés IV (1144-1136 a. C.), Egipto se retiró aún más al norte.

Sin embargo, hay pruebas de que las regiones seguían bajo el poder virreinal incluso durante el reinado de Ramsés IX (1125-1107). En su tumba, hay una representación de nubios trayendo tributos e incluso concediendo tierras agrícolas al faraón. Esto significa que, aunque el dominio egipcio sobre Nubia seguía en pie, era muy débil y estaba a punto de colapsar. Durante el reinado de Ramsés IX, los territorios egipcios en Nubia se extendieron solo hasta la Segunda Catarata, donde todavía se pueden encontrar las ruinas del asentamiento egipcio de Buhen.

Pero se desconoce si Egipto se retiró pacíficamente o debido a la agresión de los pueblos indígenas. Aún más confusión se plantea debido al hecho de que Egipto se retiró de Palestina al mismo tiempo. Esto nos lleva a la conclusión de que el poder político y económico de finales de la dinastía XX estaba disminuyendo. Con ello, llegó el debilitamiento del gobierno central, y era solo cuestión de tiempo antes de que la estructura sociopolítica indígena sobreviviente regresara a Nubia.

Hay una fuerte evidencia escrita de una guerra civil en la región alrededor de la ciudad de Tebas. El conflicto estalló entre Pinehesy, Virrey de Kush, y Amenhotep, el Sumo Sacerdote de Amón de Tebas. Se desconoce la razón del conflicto, pero parece que el sumo sacerdote estaba agitado por el rápido ascenso al poder de Pinehesy. A Pinehesy se le dio el control sobre los militares y los graneros reales, que eran símbolos de poder político y económico. Hasta ese momento, habían estado en manos de Amenhotep. El conflicto se intensificó enormemente cuando las tropas de Pinehesy comenzaron a saquear los templos de Tebas, que se suponía que debían proteger. El virrey disfrutaba del control que tenía sobre la región de Nubia, y sus acciones crearon la sensación de que el Alto y Medio Egipto estaba ocupado.

Amenhotep se quejó al faraón Ramsés XI y obtuvo su protección contra Pinehesy. El rey ordenó al virrey que sacara a sus tropas de Tebas, pero Pinehesy se rebeló e inició una rebelión, que causó que toda la región sufriera guerras, hambrunas y diversas atrocidades cometidas por las tropas militares. En el decimonoveno año del reinado de Ramsés XI, Pinehesy se vio obligado a retirarse a la Baja Nubia, donde comenzó a gobernar como rey independiente alrededor del año 1071 a. C.

El-Kurru y la unificación de los reinos sucesores

Una pirámide del siglo IV a. C. en El-Kurru
https://en.wikipedia.org/wiki/El-Kurru#/media/
File:Al-Kurru,main_pyramid.jpg

El desarrollo de los acontecimientos entre los siglos XI y VIII a. C. sigue siendo oscuro, pero aún es importante entender cómo surgió el reino de Kush. La retirada de Egipto de los territorios del sur de Nubia puede estar relacionada con la historia del virrey rebelde Pinehesy, que se convirtió en el gobernante de los territorios más allá de la Segunda Catarata. Aunque Egipto regresó y afirmó el control de las minas de oro en el área después de su muerte, nunca logró anexar completamente Nubia de nuevo.

El resurgimiento del sistema político nativo fue posible porque Egipto nunca implementó completamente un sistema colonial en el territorio de Nubia. En cambio, permitieron que la administración indígena coexistiera con la egipcia. A Egipto solo le interesaba controlar los centros religiosos y la élite, por lo que la subestructura de la vida social se dejó en manos de la población local. Esta estructura indígena se basaba en un sistema político de cacicazgos, y su existencia queda demostrada por la falta de costumbres funerarias egipcias en los lugares de enterramiento de las clases sociales medias y bajas.

Como las ciudades templo eran los restos del control egipcio sobre la región, fueron las primeras en derrumbarse una vez que el sistema político indígena resurgió. Pero esto no significa que la zona se despoblara, como se pensaba anteriormente. En su lugar, surgió un nuevo sistema de entidades políticas más pequeñas. Cada individuo de la élite nubia podía tomar una parte del poder para sí mismo y reunir seguidores. Estaban bien educados y tenían experiencia en administración, ya que eran parte integral del gobierno egipcio. Varias de estas élites tomaron el control de un área y comenzaron sus propios estados, conocidos como los estados sucesores del gobierno egipcio en Nubia.

Aunque la élite dirigente tenía experiencia en la administración, no lograron mantener el mismo nivel de estructuras de organización económica y social. De hecho, los estados sucesores recaían en sociedades menos desarrolladas, que dependían de los limitados recursos locales. Al mismo tiempo, los niveles de alfabetización disminuyeron, ya que la clase profesional egipcia abandonó la región. Esta falta de alfabetización provocó una recaída en las formas primitivas de la administración política.

Los fragmentados Estados sucesores no pudieron sobrevivir por sí solos, ya que algunos controlaban las tierras fértiles que podían alimentar a la población, mientras que otros controlaban las minas de oro. Pero cada uno fue víctima de constantes ataques por parte de las diversas tribus vecinas, que vieron la oportunidad de afirmar su propio control en la región. Parece que la unificación de los estados sucesores fue necesaria para que los kusitas sobrevivieran. Egipto continuó sus esfuerzos por imponer el control sobre Nubia una vez más, y sus campañas militares fueron el trasfondo político perfecto para la unificación de Nubia.

En la región entre la Cuarta y Quinta Catarata del Nilo, el cacicazgo El-Kurru controlaba las minas de oro. Pero no fueron solo las minas de oro las que le dieron a este cacicazgo una ventaja. Geográficamente, su territorio estaba justo en la ruta de caravanas entre Abu Hamed, que era un importante centro de comercio, y la

Baja Nubia. También tenían acceso a los caminos que llevaban a Butana y más al interior profundo del continente africano.

El-Kurru es una gran necrópolis que fue descubierta cerca de la actual aldea Kurru. Debajo de esta aldea, se encuentra toda la antigua ciudad de El-Kurru; sin embargo, permanece sin excavar debido a su ubicación directamente debajo de la aldea habitada. La necrópolis solía ser el principal lugar de sepultura de la vigésimo quinta dinastía egipcia, que fue fundada por los gobernantes kusitas. Sin embargo, algunos de los restos descubiertos sugieren que los reyes de las dinastías XVIII y XIX fueron enterrados aquí.

Después del fin del dominio de Egipto sobre la región, parece que El-Kurru asumió el papel de la capital, que solía pertenecer a la Napata egipcia (15 kilómetros, o nueve millas, al norte de El-Kurru). Las fuentes egipcias mencionan que Karoy era la ciudad más meridional bajo su control, así que quizás se referían a El-Kurru. La forma Kurru se derivaba del Karoy egipcio o tenía orígenes completamente indígenas.

Los lugares de sepultura de la necrópolis de El-Kurru, que se datan en los primeros períodos del dominio egipcio, no contienen ningún rasgo egipcio. Estos ritos mortuorios puramente indígenas se asemejan mucho a la cultura del grupo C de Kerma. Los artículos encontrados fueron fechados en varios años entre 2200 y 1550 a. C. Esto prueba que el sistema social indígena coexistió con los egipcios durante los siglos de su dominio. Los cuerpos descubiertos en las primeras tumbas fueron colocados en camas, lo cual era la práctica de la cultura Kerma antes de su caída bajo Egipto. Las tumbas posteriores muestran un profundo giro hacia la cultura egipcia. El cambio fue tanto religioso como arqueológico, ya que las tumbas cambiaron de forma y de prácticas de culto. Cada vez se encontraron más artículos egipcios en los nichos alrededor de la tumba principal, y no había ninguna cama para el cuerpo del difunto. Las tumbas se convirtieron en lugares sagrados estrechamente ligados al culto del gobernante. Como tales, estaban cerradas, y la gente no tenía acceso a ellas.

El primer nombre que aparece en las fuentes escritas de Egipto, así como en la tumba de El-Kurru, es Alara. Se cree que es el primer príncipe y el fundador de la dinastía que gobernaría no solo el reino de Kush, sino que también iniciaría la vigésimo quinta dinastía de Egipto. Su nombre fue descubierto por primera vez en una estela dedicada a su hija, la reina Tabiry, la esposa de Piye (747-716 a. C.).

Aunque el nombre de Alara está escrito sin título en las estelas de Tabiry, se le menciona en el anillo real (cartucho); por lo tanto, se le dio estatus real. Parece que su reinado fue muy largo, ya que los reyes posteriores harían referencia a que desearían que su reinado fuera tan largo como el de Alara. Tradicionalmente, se considera que su reinado fue entre el 780 y el 760 a. C.; sin embargo, no hay pruebas sólidas que lo confirmen. Fuentes escritas posteriores le dan varios títulos, y es difícil discernir si estos fueron usados para probar la legitimidad de la dinastía o fueron sus títulos reales. Se le llama tanto "cacique" como "rey". En una de las inscripciones encontradas en el templo de Kawa, incluso lleva el título de "hijo de Re".

Alara renovó la importancia de la ciudad de Napata como centro religioso. Allí, el templo de Amón-Re funcionó durante su gobierno, y su hermana fue ordenada en ese templo. Esta es claramente la señal de que el cacicazgo de El-Kurru se volvió hacia la religión egipcia y la aceptó plenamente. Establecieron el culto a Amón y el concepto de este dios como fuente de poder real. Las fuentes encontradas en Kawa también mencionan que Alara tuvo que luchar contra oponentes que desafiaban su legitimidad y la egiptización del cacicazgo. Pero Alara encontró una ideología poderosa en la religión egipcia, ya que le ayudó a establecerse como el gobernante supremo. Fue esta ideología la que le permitió crear una nueva estructura socioeconómica y formar el reino de Kush.

Capítulo 2 - De Alara a la vigésimo quinta dinastía

Alara fue sucedida por Kashta, que probablemente era su hermano. Las pruebas escritas son insuficientes para afirmar la relación entre los dos reyes, e incluso sus años de reinado siguen siendo desconocidos. Pero hay fuertes evidencias de que Kashta fue el padre del siguiente rey: Piye. Como sabemos que Piye gobernó desde el 747 al 716 a. C., podemos formular la hipótesis de los años de gobierno de los dos reyes anteriores. Se cree que Alara gobernó entre 780 y 760 y Kashta entre 760 y 747/4 a. C.

Durante el reinado de Kashta, la autoridad del reino de Kush se extendió desde la región de Butana en el sur hasta la Baja Nubia en el norte. Esto sugiere que el reino ya era un estado muy complejo. Ya se había adoptado la religión egipcia y se había establecido el culto oficial nubio de Amón. Tanto Alara como Kashta probablemente se casaron con sus hermanas, pero esto es discutible. Es posible que los matrimonios, si es que ocurrieron, fueran de naturaleza sagrada. Alara elevó a su hermana a la posición de sacerdotisa de Amón para crear un sistema de sucesión real e implementar la idea de que los gobernantes son divinos en la mente de la gente. De esta manera, la tradición de sucesión de los kusitas era similar a la ya existente en

Egipto. Con ella vino el concepto de reinado y el papel de una hermana, que era la novia de Amón. Como Amón era un símbolo de la realeza, es fácil confundir el matrimonio con Amón con un matrimonio con el rey.

Sin embargo, la pregunta sigue siendo: ¿por qué los kusitas volvieron a las tradiciones egipcias después de disfrutar de siglos de independencia? La respuesta más simple se encuentra en la posición geográfica del recién establecido reino de Kush. Como estaba en rutas comerciales muy importantes y producía mucho oro, Egipto estaba constantemente interesado en Kush. Los académicos teorizan que al permitir la egiptización una vez más, los reyes kusitas evitaron ser conquistados directamente. A través de una cuidadosa diplomacia, se las arreglaron para mantener su independencia, incluso si eso significaba adoptar las prácticas culturales y religiosas de su vecino del norte. Los acuerdos comerciales trajeron numerosos artículos egipcios para el uso diario en la vida de los kusitas. Esto significó que los kusitas tenían un contacto constante con Tebas, de la que lentamente adoptaron la religión egipcia y el culto a Amón.

Egipto siguió considerando a Nubia como su estado tributario, y se produjeron algunos conflictos, ya que esperaban el pago de un tributo anual. Cuando los reyes kusitas no cumplían, los egipcios enviaban expediciones militares para hacerse con el tributo esperado. Egipto incluso conservó el título de virrey de Kush hasta el 750 a. C., aunque no era un cargo oficial. De hecho, se limitaba a administrar las áreas de la Baja Nubia, como Tebas y Elefantina. Pero la desaparición del cargo de virrey se produjo durante el gobierno del rey Kashta. La estela encontrada en el templo de Khnum (o Chnum) describe a Kashta como el "Rey del Alto y Bajo Egipto" e "Hijo de Re, Señor de Dos Tierras". El nombre Kashta puede ser traducido como "El Kusita", y es muy probable que el rey adoptara este nombre una vez que comenzó a gobernar en Egipto.

Pero, ¿qué pasó con los gobernantes egipcios, y cómo el rey de Kush se hizo cargo del gobierno aparentemente sin esfuerzo? Desde mediados del siglo VIII, Egipto sufrió un proceso de fragmentación.

A pesar de que el gobernante oficial era la vigésimo primera dinastía de Smendes (1077/1076-1052 a. C.), los descendientes del sumo sacerdote de Amón Herihor subieron al poder como regentes del Medio y Alto Egipto. Como cada partido tenía sus propios seguidores, el reino se dividió entre el faraón y los sumos sacerdotes, que también tomaron títulos reales para gobernar las tierras. Para curar las heridas de la división política, la familia real acordó transferir el poder a los jefes libios a través de matrimonios oficiales. La vigésimo segunda dinastía fue fundada por los hombres libios que poseían altos cargos en la corte egipcia y se les permitió casarse con la familia real.

Aunque nada cambió en la estructura administrativa del reino, los libios introdujeron cambios en la estructura social de los egipcios. Valoraban la ascendencia, la descendencia y la pertenencia al clan. Estos valores continuaron sacudiendo los cimientos del sistema burocrático centralizado de Egipto. De hecho, durante los dos siglos siguientes, la descentralización se convirtió en un tipo de gobierno. Se dio a los clanes o familias dirigentes una influencia política mucho mayor, y los individuos empezaron a subir al poder, especialmente en el Bajo Egipto. El Delta Occidental del Nilo también estaba dominado por los jefes libios, mientras que el Delta Oriental pertenecía a las dos ramas restantes de la familia de la dinastía XXII.

A pesar de que el estado estaba políticamente fragmentado, no cayó en el caos. La vida cotidiana de un plebeyo continuó, y las viejas peleas con los vecinos tuvieron que mantenerse. De hecho, Egipto se basaba en un modelo de poliarquía, lo que significaba que los diferentes líderes poderosos dividían el gobierno entre ellos. Con ello, la administración se dividió, disminuyendo el estado centralizado. Pero la fragmentación no molestaba a la economía egipcia. Parece que la descentralización permitió que cada región se desarrollara por separado de las demás, y la economía prosperó en todas partes.

Sin embargo, este sistema de poliarquía no pudo durar mucho tiempo. Tarde o temprano, habría un individuo que querría todo el poder para sí mismo. Alrededor del año 836 a. C., los miembros restantes de la dinastía XXII fueron expulsados de Tebas, donde gobernaban, y la dinastía XXIII comenzó una guerra civil. A través del conflicto, obtuvieron el control total del Alto Egipto. Para asegurar la legitimidad de la nueva línea real, instalaron a Shepenwepet I, la hija del faraón Osorkon III, como la esposa del dios Amón. Este título sería muy importante para la transición pacífica de Egipto a las manos de los reyes kusitas.

Para mantener la ideología de la unidad nacional, incluso durante la época de la división de Egipto en una poliarquía, se introdujo el nuevo oficio de Divina Adoratriz de la Esposa de Dios de Amón de Tebas. La gente necesitaba creer que la realeza era todavía sagrada y que la unidad de toda la nación provenía de la coexistencia y la coregencia del dios Amón, el faraón y el sumo sacerdote. La instalación de la Esposa del Dios tenía el propósito de legitimar la sucesión, ya que era vista como la madre del rey, que era el hijo de un dios. El título de Esposa del Dios de Amón estaba reservado para la princesa real, y ella tomaría el papel de la sacerdotisa principal del culto de Amón. El título trajo legitimidad a su familia, así como al control de Tebas y sus alrededores.

Shepenwepet I era la única "Esposa de Dios de Amón de Tebas" que también era gobernante. Ella controlaba todo el Alto Egipto, que era considerado el reino de Amón. En lugar de conformarse con el título no gobernante de reina, adoptó los nombres de "Señor de las Dos Tierras" y "Señor de las Apariencias". Pero debido a las relaciones diplomáticas, Shepenwepet tuvo que adoptar a la hija de un rey kusita en su oficio de Esposa de Dios. Amenirdis, la hija del rey Kashta, se convirtió en la presunta Divina Adoratriz, la que heredaría los títulos de Shepenwepet I. Esta táctica diplomática aseguró a Kashta los medios para tomar los territorios de Egipto sin conflicto abierto.

No hay evidencia escrita o arqueológica que pruebe que hubo un conflicto violento momentos antes de la toma de Kashta de Egipto. De hecho, hay más pruebas que apoyan la teoría de una transición pacífica al gobierno kusita. Los descendientes del faraón Osorkon III,

Takelot III y Rudamun continuaron viviendo libremente en Tebas. Más aún, eran de alto estatus social, y una vez que murieron, fueron enterrados con honores. Si eran los enemigos de Kashta, el rey kusita no les permitía ningún honor. Los miembros de la vigésimo tercera dinastía continuaron viviendo y prosperando pacíficamente bajo el gobierno de los kusita. Esto solo puede explicarse por la decisión de Rudamun de retirarse de Tebas a Heracleópolis y gobernar allí, aunque esta ciudad ya estaba bajo el control de Tebas.

Toda la evidencia apoya la idea de una transición pacífica del gobierno. El anterior gobernante se retiró sin conflictos, asegurando el alto estatus social de sus familiares. La instalación de Amenirdis I como la Divina Adoratriz puede haber sido solo una formalidad para legitimar esta transición de poder, pero también puede haberla iniciado. Pero, ¿qué fue lo que impulsó a los gobernantes egipcios a entregar todo su poder al rey Kusita? Existe la hipótesis de que Egipto se enfrentó a una seria amenaza de sus vecinos occidentales, los jefes libios, que buscaban extender sus territorios. Sin embargo, al sur de Egipto, una nueva fuerza llegó al poder: el reino de Kush. Egipto se encontró de repente entre dos posibles invasores, y su única solución fue recurrir al vecino más pacífico como aliado. Egipto se alió con el reino de Kush para luchar contra los libios. Pero el precio fue muy alto, ya que le costó a los egipcios su reino.

Para apoyar esta hipótesis, hay restos de guarniciones kusita en Egipto que datan del reinado de Kashta. Estaban posicionadas para proteger a Egipto de un ataque desde el oeste. Después de que el peligro pasó, continuaron funcionando, probablemente para afirmar la autoridad de Kashta en la región. Parece que no fueron los faraones de la vigésimo tercera dinastía los que tuvieron la idea de entregar el gobierno a los kusitas. Fue el poderoso sacerdocio de Amón quien lo vio como la única solución al problema del país, y lo obligaron a sus reyes. Para promover a Kashta como gobernante, se le dio el título de "El poseedor de la verdad", que fue modelado en la duodécima dinastía, la dinastía que restauró el orden en el estado. Al llevar sus títulos, el sacerdocio quería hacer una conexión entre el rey de Kush y el orden, lo que complacería al pueblo de Egipto. Kashta era ahora representado como el rey que traería paz y prosperidad a sus súbditos, y así, la transición de poder fue suave.

Las fuentes escritas que tenemos que datan del período del gobierno de Kashta no son suficientes para comprender cómo eran los sistemas políticos y sociales de Kush y Egipto. Incluso en Napata, los restos que datan de este período permanecen sin excavar. Solo podemos aventurar una suposición de que fueron los contactos políticos que Kashta tuvo con Egipto antes de convertirse en faraón los que provocaron la rápida egiptización de las familias de la élite kusita. La recién creada necrópolis de Butana (las regiones meridionales de Kush) ofrece pruebas del cambio a la cultura egipcia. Los restos arqueológicos también prueban la introducción de la tradición egipcia de entierros en ataúdes. Los muchos artículos egipcios encontrados en la necrópolis también hablan como prueba de la adopción de los derechos mortuorios egipcios.

Estos cambios también se introdujeron en la antigua necrópolis de El-Kurru. Sin embargo, en El-Kurru, podemos encontrar aún más pruebas de una rápida egiptización. Los templos construidos para los nuevos cultos introducidos eran de estilo egipcio, y empleaban al personal profesional de los templos del culto de Amón Tebano. Los templos recién establecidos se convirtieron en centros culturales desde los cuales la egiptización de los cultos nativos se extendió por el reino de Kush. Llevaron las escrituras egipcias a los kusitas, que se convirtieron en el principal medio de articulación de la ideología de la realeza y la religión. La progresiva egiptización del reino de Kush no significa necesariamente un rápido fin de la cultura nativa. De hecho, las estructuras y elementos indígenas fueron tolerados, y las dos culturas coexistieron pacíficamente durante bastante tiempo.

El rey Piye (747-716 a. C.)

El rey Kashta murió alrededor del año 747 y fue enterrado en El-Kurru, según las tradiciones egipcias. Fue sucedido por Piye, que continuó la política de egiptización de los kusitas. El nuevo rey asumió los títulos que pertenecían al faraón Tutmosis III de la XVIII dinastía (1479-1425 a. C.). Lo hizo con el fin de atarse al sistema ya conocido de la realeza egipcia y preparar a la sociedad para un cambio, ya que decidió trasladar su capital de Tebas a Napata. Esto es fuertemente sugerido por el título que asumió Tutmosis III, "El Toro Fuerte que aparece en Tebas", que Piye cambió por "El Toro Fuerte que aparece en Napata".

Otra razón simbólica para adoptar los títulos que pertenecían a Tutmosis III es que este faraón en particular logró conquistar las tierras de Kush durante sus últimos años de reinado. Y ahora, Piye era el que estaba conquistando Egipto.

En el tercer año de reinado de Piye, se erigió un monumento con una inscripción muy importante en Napata. Se conoce como la Estela de Arenisca del templo de Amón, y contiene el discurso del rey, en el que se pronuncia como un gobernante legítimo de Egipto y el señor de todos los príncipes y jefes que ocupaban su estado. Reconoció la sagrada necesidad de la tradición para expandir las tierras que gobernaba, pero también aceptó el status quo de la escena política contemporánea de Egipto. Egipto estaba gobernado por varios jefes, y Piye estaba dispuesto a tolerarlos siempre y cuando reconocieran su supremacía y le rindieran tributo.

En su cuarto año de reinado, Piye viajó a Tebas para llevar las ofrendas a un dios, probablemente Amón. Allí, participó en el ritual de Opet, que se realizaba para renovar el gobierno de alguien. Como Piye hizo este ritual en presencia de su ejército, se presume que estaba en conflicto con algunos de los gobernantes de Tebas y que terminó este conflicto con una victoria. También es posible que Piye fuera a ayudar a defender Tebas, que estaba siendo atacada por los jefes occidentales que buscaban expandir sus territorios. Ya se sabe que el enemigo de Tebas en ese momento era Osorkon de Sais, que comenzó a expandir su dominio de influencia en el 750 a. C.

No hay registros de Piye durante los siguientes quince años, por lo que no se sabe cómo reaccionó el rey kusita ante la amenaza asiria en el Bajo Egipto desde el año 744 hasta el 732 a. C. En esa época, el gobernante neoasirio Tiglat-Pileser III conquistó casi todo el mundo conocido, llegando hasta Gaza, donde nombró a un jefe, Idibi'ilu de una tribu árabe, para el puesto de "Guardián de Egipto". Este nombramiento fue una señal de que el rey asirio reconocía a Egipto como una amenaza y que sus vasallos estaban dispuestos a defender los intereses asirios en Palestina. Sin embargo, no hay fuentes egipcias que sobrevivan para informarnos de la reacción de Piye a estos eventos.

Parece que el doble reino de Piye (Kush y el Medio Egipto) pasó por una serie de cambios que fortalecieron el poder militar, económico y social. La integración cultural entre las dos mitades del reino continuó sin interrupción, y Kush continuó con su intención de aceptar todos los aspectos de la cultura egipcia, desde la religión y los derechos mortuorios hasta el arte, la alfabetización y la vida cotidiana. El reino era políticamente muy estable y estaba listo para enfrentarse a la coalición que se levantó en el oeste de Egipto. Allí, Tefnakht, príncipe de Sais, reunió a sus aliados y se proclamó a sí mismo el "Gran Jefe de Occidente". Tefnakht tomó el control de Menfis, que Piye no protestó. De hecho, Piye reconoció el dominio del príncipe occidental hasta que supo de la coalición entre Tefnakht de Sais y el rey de Hermópolis. Su plan era atacar Heracleópolis, una ciudad que se encontraba entre el Egipto Medio de Piye y el Delta Occidental.

Tomar esta ciudad sería una amenaza directa al gobierno de Piye, y aunque no reaccionó cuando las fuerzas de la coalición tomaron Heracleópolis, no podía permitir que sometieran a los jefes de las zonas circundantes, ya que esto les daría demasiado poder. Para detenerlos, Piye envió al ejército kusita estacionado en Tebas para atacar Hermópolis, donde gobernaba Nimlot. Los dos ejércitos se enfrentaron primero en Heracleópolis, en la que Tefnakht perdió la batalla y se retiró a Hermópolis. Luego los kusitas asediaron la ciudad, y Piye tomó el control personal de su ejército.

Nimlot de Hermópolis se rindió, y Piye logró entrar a la ciudad en triunfo. Allí, recibió la rendición de los jefes locales, cuyos territorios abrieron el camino a Menfis. Después de un breve asedio, Menfis también cayó, y el reinado de Piye se confirmó allí en el santuario del dios Ptah. De nuevo, más jefes locales se sometieron al rey Kusita, entre ellos el príncipe heredero de Heliópolis, Peteese. Una vez más, su reinado tuvo que ser reafirmado, esta vez en el santuario de Re en Heliópolis. Esto significa que el gobierno de Piye fue afirmado por los tres principales dioses de Egipto: Amón, Ptah y Re. A medida que avanzaba hacia el este, más jefes se sometieron a su gobierno; según las fuentes escritas, había un total de quince. Entre ellos se encontraban los descendientes de los anteriores gobernantes, como Iuput II de la vigésima tercera dinastía, cuyos antepasados gobernaron Leontópolis.

Tefnakht huyó de Menfis antes de que Piye la capturara, y encontró refugio en el Delta Norte del Nilo. Envió un enviado diplomático para negociar con el rey Kusita, a través del cual reconoció a Piye como señor. Sin embargo, su rendición fue solo temporal. Tefnakht logró mantener la independencia de su región en el Delta Occidental, y tan pronto como Piye dejó el norte de Egipto para ir a Napata, asumió un título real, llamándose a sí mismo rey Shepsesre Tefnakht I.

Piye conquistó las partes norteñas de Egipto, pero no estableció su propia administración allí. En su lugar, reinstaló a los gobernantes de las ciudades conquistadas que le juraron lealtad: Iuput II en Leontópolis, Peftjauawybast en Heracleópolis, Osorkon II en Tanis, y Nimlot en Hermópolis. Piye erigió la Estela del Triunfo para celebrar su conquista, y según el texto escrito, solo permitió a Nimlot entrar en su palacio y hablar con el rey. Los otros tres gobernantes eran considerados impuros, ya que la estela los describe como incircuncisos y comedores de peces. Esto significa que eran religiosamente impuros e incapaces de ver la cara del faraón porque pertenecían a la línea de los jefes libios.

La suprema realeza de Piye en Egipto fue confirmada por tres deidades diferentes, y se produjo la unificación del norte y el sur del reino. El rey kusita ahora tomó el título de "Rey del Alto y Bajo Egipto". Como tal, fue el fundador de la vigésimo quinta dinastía. Sus descendientes continuarían el gobierno sobre los dobles reinos unidos de Kush y Egipto. Pero no hay evidencia de que Piye haya vuelto a visitar el norte de Egipto. Parece que permaneció en Napata mientras dejaba la administración de Tebas a la Esposa de Dios Amenirdis I, quien ahora adoptó a la hija de Piye, Shepenwepet II, como la futura Divina Adoratriz.

Cuando el rey Piye murió, sus restos fueron transferidos a la tumba real en El-Kurru. Fue enterrado en la primera pirámide egipcia construida en esta región, y su estilo se basó en las pirámides del Nuevo Reino y las pirámides de los anteriores virreyes de Kush. Tenía lados muy empinados, y el nicho de sepultura sigue de cerca todos los derechos mortuorios egipcios. Es seguro suponer que para cuando Piye murió, la egiptización de Kush estaba completa.

Capítulo 3 - Los Gobernantes de la vigésimo quinta dinastía

Shebitqo y Shabaqo

Retrato superviviente de Shebitqo
https://en.wikipedia.org/wiki/Shebitku#/media/
Archivo: Shabatka_portrait,_Aswan_Nubian_museum.jpg

En el año 720 a. C., Asiria, bajo el gobierno de Sargón II, conquistó Samaria y Transjordania y se acercaba al Delta del Nilo, donde el gobierno de Piye estaba casi llegando a su fin. El rey Osorkon IV de Tanis estaba bajo la amenaza inmediata de una invasión asiria, ya que su ejército estaba estacionado a solo 120 millas de Tanis. Osorkon IV se vio obligado a enviar regalos a Sargón II y a probar la forma diplomática de preservar su dominio. Piye murió en el 716 a. C., dejando el doble reino en manos de su sucesor: Shebitqo (716-702 a. C.). Sin embargo, el reino se enfrentaba de nuevo a la agitación, ya que el descendiente de los Tefnakht, Bakenranef, continuó con la ambiciosa política de expansión del territorio de Sais. La única forma de hacer frente a las crecientes tensiones en el norte era trasladar la capital de la Napata de Kush a la Menfis de Egipto.

Sin embargo, resultó que Bakenranef no era difícil de tratar. Shebitqo se las arregló para aplastar sus fuerzas y matar al rey de Sais en los dos primeros años de su reinado. En los cuatro años siguientes, el rey kusita logró capturar todo Sais, así como la región de Pharbaitos, donde restauró la seguridad de la frontera del reino. Aunque los reyes kusitas se inclinaban por el antiguo gobierno centralizado de Egipto, se dieron cuenta de los peligros de la fragmentación del reino si alguna de las dinastías locales se apoderaba de demasiado poder. Por eso los faraones kusitas decidieron permitir que las dinastías locales existieran bajo la autoridad de un gobernador.

En este punto, Shebitqo solo tenía que tratar con Asiria, y parece que tuvo suerte en ese campo político también. Alrededor del año 712 a. C., Iamani, el gobernante de Asdod (una ciudad de Israel), se rebeló contra Sargón II, y parece que quería la colaboración de Egipto. Para negociar la posible alianza con Shebitqo, Iamani le envió regalos. Sin embargo, la alianza nunca se produjo, y el rey kusita nunca envió ayuda militar a Asdod. En su lugar, Iamani huyó una vez que los asirios se acercaron, y fue recibido como un solicitante de asilo en la corte de Shebitqo. Allí permaneció durante algún tiempo, pero tan pronto como Asiria representó una seria amenaza para Egipto, Shebitqo extraditó a Iamani para preservar las buenas relaciones con el imperio superior. Pero hay algunas pruebas que apoyan la hipótesis de que durante el tiempo que Iamani estuvo en la corte de Shebitqo, fue el sucesor de Shebitqo, Shabaqo, quien entregó el gobernante de Ashdod a Sargón II.

Ahora que el doble reino había entrado en un período de paz, Shebitqo se concentró en la descuidada costumbre real egipcia de construir templos. Sin embargo, su objetivo no era solo enriquecer cultural y religiosamente su estado. Quería consolidar el poder de la vigésimo quinta dinastía sobre el reino mediante la instalación de cultos reales en todo el país. La dinastía ya tenía su legitimidad garantizada por la Esposa del Dios Amón, Shepenwepet II, pero Shebitqo sintió la necesidad de elevar a su propio hijo, Haremakhet, a la posición de Sumo Sacerdote de Amón de Tebas. Este título había caído en el olvido medio siglo antes, y a través de la instalación del hijo del faraón, fue resucitado y hecho hereditario. Es posible que Shebitqo no tuviera hijas para elevarse a la posición de Divina Adoratriz, y para confirmar la legitimidad de su gobierno, reabrió la institución del Sumo Sacerdote de Amón.

Shebitqo también necesitaba confirmar su legitimidad porque sucedió a Piye según los derechos de sucesión colateral de los kusitas, ya que era más que probable que fuera el hermano del rey anterior. Pero este no era el modelo de sucesión patrilineal reconocido en Egipto, y por lo tanto, necesitaba legitimar su reinado. En los siguientes años del gobierno de Shebitqo, introdujo a los sacerdotes kusitas en Tebas. Los nuevos nombramientos, como el Cuarto Profeta de Amón y Alcalde de Tebas, permitieron a los dignatarios kusitas entrar en los altos círculos sociales de Egipto. Los matrimonios se sucedieron naturalmente, y Tebas se convirtió en el centro de la vida social nubia y egipcia.

Aunque Shebitqo trasladó la capital a Menfis, la construcción de templos no ocurrió allí. Esto es probablemente porque el traslado fue impulsado por necesidades militares. Pero algo más estaba ocurriendo en esta ciudad a escala cultural. Como nueva capital, Menfis necesitaba estar conectada a la realeza, y así se crearon nuevos mitos sobre la región. Menfis era ahora vista como el lugar de nacimiento de los faraones y el lugar original de la creación del mundo entero. La Piedra Shabaqo, una reliquia egipcia de Menfis, describe la creación del mundo por el dios Ptah. Como patrón de los artistas y artesanos, Ptah fue el creador definitivo que creó todo el universo y la vida en él. Esta parte del texto de la Piedra Shabaqo se conoce como la "Teología Menfita".

Shebitqo murió en su nueva capital después de quince años de gobierno. Como sus predecesores, fue enterrado en El-Kurru en el reino de Kush. Su sucesor fue su hijo, Shabaqo (702-690 a. C.), famoso por su enfrentamiento con el imperio asirio. Ocurrió poco después de la coronación del nuevo rey. El ejército de Kush fue convocado y puesto bajo el mando de Taharqo, que sucedería a Shabaqo. Se especula que el nuevo rey no tenía descendencia masculina, así que decidió elevar a Taharqo a la posición de su aparente heredero. La tradición egipcia dice que el príncipe heredero debía tomar el control del ejército expedicionario del reino, y Shabaqo lo proclamó comandante en jefe en consecuencia.

En los años 704 y 703 a. C. ya existía una coalición entre los fenicios y los filisteos contra el imperio asirio, y parece que Shabaqo decidió apoyar esta alianza. Envió a su ejército a reunirse con las fuerzas de Senaquerib, el sucesor de Sargón II. La batalla tuvo lugar probablemente alrededor del 701 a. C. en Eltekeh (Israel), y los egipcio-kusitas, bajo el liderazgo de su príncipe heredero, fueron derrotados. Sin embargo, esta batalla podría interpretarse como una victoria egipcio-kusita aunque el ejército fue destruido. Esto se debe al hecho de que Senaquerib se retiró a Filistea después de esta batalla, y Shabaqo continuó gobernando pacíficamente hasta el final de sus días.

Los académicos no pudieron ponerse de acuerdo durante bastante tiempo sobre si Shabaqo o Shebitqo gobernaron primero. Esto se debe a que la datación por carbono de los artículos pertenecientes a los dos reyes dio aproximadamente los mismos resultados. Después de todo, gobernaron en un corto período de tiempo. Así que los académicos tuvieron que recurrir a fuentes escritas para resolver este dilema. En el pasado, se creía que Shabaqo gobernó antes que Shebitqo; sin embargo, los hallazgos modernos parecen favorecer la teoría opuesta. Uno de estos hallazgos es la representación de Shepenwepet I, la esposa de Amón, realizando los ritos religiosos en el templo de Amón. Esta representación fue creada durante el gobierno de Shebitqo, mientras que las que tienen escenas similares que contienen los ritos realizados por Amenirdis I fueron creadas durante el gobierno de Shabaqo. Por la evidencia textual, sabemos que Shepenwepet I era la Esposa del Dios Amón antes de Amenirdis; por lo tanto, es lógico concluir que Shebitqo gobernó antes del Shabaqo.

Otra evidencia que hablaría a favor del gobierno de Shebitqo y Shabaqo es la forma de las tumbas en las que fueron enterrados. Aunque son estilísticamente comunes para el Egipto de ese período, aquella en la que Shebitqo fue enterrado se parece más a la tumba de Piye. La tumba de Shabaqo, por otro lado, se parece mucho a la de Taharqo, la tumba de su sucesor. Esto es una clara indicación de que los estilos cambiaron con el tiempo, y en solo unas pocas generaciones, se pudieron ver las diferencias.

Taharqo

Taharqo representado como una esfinge

Al igual que sus predecesores de origen kusita, Shabaqo fue enterrado en El-Kurru. Taharqo se convirtió en el rey del doble reino, y fue coronado en Menfis en el 690 a. C. Como sus predecesores no tenían pelos masculinos de edad madura, Taharqo, el hijo de Piye, fue elegido para gobernar. En Egipto, no era inaudito tener un faraón niño, y Shabaqo tenía un hermano menor llamado Tanutamani (Tantamani) a quien podría haber instalado como el heredero aparente en lugar de Taharqo. Sin embargo, parece que el peligro inmediato de una guerra con el imperio asirio llevó a la decisión de que un príncipe maduro tomara el trono. En ese momento, Tanutamani era solo un niño, y no podía dirigir el ejército. Además, Taharqo era hijo de Piye, un rey que había unido el norte y el sur del reino egipcio.

En los primeros diecisiete años, Taharqo gobernó en paz, y fue capaz de traer prosperidad al doble reino. El comercio continuó floreciendo, y la economía se fortaleció. La construcción de nuevos templos fue la principal ocupación cultural del reino en ese momento, y se erigieron tanto en Kush como en Egipto. Pero todas las actividades de construcción se concentraron en las ciudades, que eran los centros administrativos de la región. Esto significa que el nuevo rey buscaba consolidar un gobierno centralizado. La escala de los proyectos de construcción en Menfis y Tebas era monumental. Incluso se introdujeron maderas como el cedro, el enebro y la acacia, que son de origen asiático. Esto habla de la posible apertura de nuevas rutas comerciales y del poder económico del doble reino.

Se prestó especial atención a la construcción de nuevos templos en Napata, que se asemejaban a los antiguos de Karnak. La montaña sagrada Gebel Barkal, con sus acantilados de noventa metros de altura que cuelgan sobre el Nilo, era perfecta para erigir nuevos templos de formas curiosas dedicados a Amón. Después de todo, se decía que este dios vivía en la cima de la montaña, por lo que era natural construir un templo a sus pies. Allí, Taharqo talló una pequeña cámara interior separada que contenía sus títulos en cartucho y un texto dedicado a un triunfo (sin embargo, es ilegible hoy en día).

Además de la construcción de templos en Napata, Taharqo dedicó los primeros años de su reinado a desarrollar centros urbanos en todos los territorios de los kusita. Estas ciudades renovadas en Kush sirvieron como centros locales de gobierno. Eran los puntos de producción y redistribución de artículos, que se enviaban a todo el doble reino. Tenían la forma tradicional de los templos-ciudades con un nuevo papel socio-económico añadido basado en los templos-ciudades del Nuevo Reino de Egipto. Sin embargo, Taharqo no se limitó a construir nuevas ciudades. En su lugar, trabajó en la renovación de las existentes y en la repoblación de aquellas ciudades que habían sido abandonadas durante los reinados de sus predecesores.

Uno de los guiones de Kawa mencionaba la donación libia de niños, sirvientes y objetos de culto, lo que indica que Taharqo envió expediciones militares a la frontera occidental de su reino y al Levante, probablemente hasta la costa fenicia. Si bien la donación de sirvientes libios es un claro signo de guerra, algunos de los artículos de la lista podrían haber sido regalos diplomáticos de las ciudades filisteas, como diversos objetos culturales. También hay indicios de contratos comerciales con Asiria, ya que las fuentes de Nínive (una ciudad asiria en el actual Iraq) mencionan la importación de los carros y caballos kusitas.

Una estatua del faraón Taharqo descubierta en Karnak tiene grabado un texto que enumera todos los territorios conquistados, que son en su mayoría principados asiáticos conocidos en Egipto, pero también incluye una lista de los pueblos conquistados, como los libios, los nómadas de Shasu y posiblemente los fenicios. Egipto probablemente renovó su presencia en el Levante debido a que Asiria estaba demasiado ocupada luchando una guerra con Babilonia. Se encontró una estela en el camino entre Menfis y Fayoum, que describe cómo el faraón Taharqo ordenó a su ejército que practicara la carrera de larga distancia, mientras él seguía a sus soldados de carrera en un carro. Esta inscripción prueba que el rey tenía una estrecha relación con su ejército y que se interesaba mucho por su entrenamiento y organización. La vigésimo quinta dinastía trajo consigo la idea de que ser soldado era una profesión divina. La connotación religiosa dada al ejército duró al menos tanto como el reinado de Piye, pero es posible que fuera una tradición kusita traída a Egipto. En la tradición kusita, el rey era visto como un atleta ideal y un héroe, cuyos logros en la guerra eran inigualables.

El doble reino bajo el faraón Taharqo llegó finalmente a un punto en el que no había ninguna diferencia cultural, económica o social entre Egipto y Kush. Finalmente, el reino de Kush se integró completamente en lo que solía ser la norma del gobierno centralizado egipcio. La desegiptización de los kusitas sería imposible ahora, ya que el pueblo se identificaba como uno solo. La separación del reino vendría mucho más tarde, y sería hecha por los asirios, cuya conquista de Egipto desmontaría el doble reino y enviaría a Kush a su propio camino.

Las sepulturas encontradas en el sur de Kush que han sido fechadas al gobierno de Taharqo son una evidencia permanente de lo lejos que llegó la egiptización del pueblo de Kush. Aunque los rituales funerarios eran similares, no eran los mismos. Esto testifica que se conservó alguna forma de cultura indígena, aunque el uso de talismanes egipcios, la colocación de los cuerpos y el uso de máscaras faciales egipcias son prueba suficiente de que el pueblo se identificaba como el mismo tanto en el sur del reino como en el norte. Aun así, era una sociedad muy heterogénea con diferentes grupos de personas que se entrometieron para crear su núcleo.

Taharqo instaló a su propia hija, Amenirdis II, como la Esposa del Dios de Amón de Tebas, y siguiendo el ejemplo de su predecesor, instaló a su hijo, Nesi-Shu-Tefnut, como Segundo Profeta de Amón (ya que el puesto de Sumo Sacerdote estaba ocupado por Haremakhet). Sin embargo, no todos los puestos administrativos fueron para miembros de la familia real. Las familias de élite de Tebas y Menfis ocupaban posiciones como Alto Administrador de la Divina Adoratriz o el Alcalde de Tebas. Las dinastías locales del Bajo Egipto continuaron afirmando el control administrativo sobre sus territorios ancestrales, pero solo operaban como delegados del gobierno central de Egipto. Esto significa que eran parcialmente independientes, pero queda por descubrir hasta qué punto lo fueron.

La primera mitad del reinado de Taharqo fue pacífica, y el doble reino prosperó. El rey cumplió con su deber y luchó por expandir su reino porque era visto como una obligación religiosa del gobernante. Pero el conflicto nunca afectó a los territorios de su reino, y la gente no se vio involucrada. Pero en el 671 a. C., una nueva invasión asiria comenzó, y Egipto ya no era seguro. Hicieron falta tres batallas en las fronteras egipcias para que los asirios finalmente se adentraran y tomaran Menfis. Las fuentes nos notifican que el faraón fue herido, pero no se dan detalles específicos. Taharqo tuvo que huir de su capital, probablemente hacia el sur.

Menfis cayó rápidamente, y los asirios ni siquiera tuvieron que asediarla. Era bastante extraño que la capital estuviera tan débilmente defendida, sobre todo porque la familia real estaba presente. El príncipe heredero, Nes-Anhuret, fue tomado por los asirios, junto con algunas de las esposas reales y otros miembros de la familia. Una estela encontrada en Nínive testifica que el gran tesoro fue tomado de Menfis, incluyendo 50.000 caballos de los establos reales. El gobernante asirio Esarhaddon se proclamó rey en Egipto, aunque solo capturó algunos de los territorios del Bajo Egipto. Aun así, recibió la sumisión de los reyes, jefes y oficiales locales, e incluso nombró a algunos de los suyos. Las dinastías locales se convirtieron en vasallos asirios.

Los años que siguieron se recuerdan como los años oscuros en los que los extranjeros gobernaron Egipto. La 25ª dinastía de los kusitas logró unir a Egipto y gobernar el doble reino mientras los tiempos eran pacíficos, pero mostraron su verdadera insuficiencia cuando se enfrentaron a una potencia extranjera superior. Taharqo culpó a los dioses, diciendo que Amón lo había abandonado antes de que pudiera terminar su gobierno. En la inscripción grabada en el templo de Karnak alrededor del 674 a. C., el faraón se esfuerza por justificar su fracaso. Le pide a los dioses que le ayuden a recuperar las tierras perdidas, pero al mismo tiempo, también los culpa. El objetivo de este texto fragmentado era asegurar la legitimidad de la 25ª dinastía y probar la relación padre-hijo entre Amón y el faraón.

Esarhaddon dejó Egipto y puso a Necao I como el rey de Sais, que asumió los títulos faraónicos. Es posible que el gobernante asirio le diera a Menfis a Necao I y que gobernara como un faraón vasallo egipcio. Sin embargo, Taharqo se movió rápidamente, e instigó algunas revueltas en el Bajo Egipto tan pronto como el ejército asirio se fue. De hecho, causó tantos problemas que Esarhaddon tuvo que lanzar una segunda invasión a Egipto en el 669 a. C. Pero el rey asirio murió de una enfermedad en su camino hacia allí, y Taharqo logró capturar Menfis de nuevo. No se sabe si el rey kusita recuperó el Bajo Egipto después de la muerte de Esarhaddon o antes. Sin embargo, el nuevo rey asirio, Asurbanipal (669-627 a. C.), continuó la tarea de su padre. No solo invadió Egipto en 667/666 a. C., sino que también decidió anexarlo.

En la batalla, que tuvo lugar cerca del Delta Oriental del Nilo en 671 a. C., el ejército egipcio-musulmán del rey Taharqo fue derrotado. El rey kusita abandonó sus tropas y huyó a Tebas. Pero fue perseguido por el ejército asirio, que contaba con la ayuda de los reinos del Delta del Nilo, ya que Asurbanipal recibió la sumisión de todas las dinastías locales entre Menfis y Tebas. Esto desalentó a Taharqo, quien tuvo que retirarse aún más al sur. Los asirios incluso recibieron la sumisión completa del alcalde de Tebas, que aparentemente intentaba preservar la ciudad y detener cualquier posible saqueo. Satisfecho, Asurbanipal regresó a Nínive, dejando Egipto en manos de los gobernantes vasallos que estaban bajo la estricta supervisión del ejército asirio, que se quedó en la región.

Pero no pasó mucho tiempo para que algunos de estos gobernantes locales se volvieran contra los asirios. Alrededor del 665 a. C., los príncipes de Sais, Mendes y Pelusio se volvieron de nuevo hacia el rey kusita Taharqo, y juntos, tramaron una rebelión. Desafortunadamente, la noticia de la rebelión llegó a Asurbanipal justo a tiempo, y todas las partes involucradas fueron arrestadas.

Taharqo permaneció en Kush y estaba fuera del alcance de los asirios. Por razones desconocidas, Necao de Sais fue el único que no fue ejecutado. En su lugar, fue hecho un gobernante vasallo de Menfis, mientras que a su hijo Psamético se le dio Atribis para gobernar. Es posible que Sais fuera estratégicamente importante o económicamente fuerte, por lo que el rey asirio decidió involucrarse políticamente en su dinastía. Psamético sería más tarde el fundador de la vigésimo sexta dinastía, oportunidad que aprovechó de su nombramiento como rey de Atribis, ciudad en la que el presunto heredero solía ser nombrado por los faraones antes de su instalación como gobernante.

Taharqo murió en Kush en el 664 a. C. sin la oportunidad de recuperar Egipto como la segunda mitad del doble reino. A diferencia de sus predecesores, no fue enterrado en El-Kurru. Fundó una nueva necrópolis en Nuri, justo enfrente de Napata.

El fin del gobierno de kusita en Egipto

Taharqo fue sucedido por su primo, el hermano menor de Shabaqo: Tanutamani. Esta sucesión no fue patrilineal como exigía la tradición egipcia, pero es posible que el nuevo gobernante fuera instalado por los militares y que la situación política del reino condujera a esta sucesión colateral, que se practicaba en Kush. Tanutamani nació alrededor del 702 a. C., lo que significa que tenía alrededor de treinta y ocho años cuando su predecesor murió. Su edad y su reputación le dieron el impulso que necesitaba entre los soldados para suceder a Taharqo en lugar de su propio hijo, el joven príncipe Atlanersa.

Después de la coronación y el reconocimiento como el Hijo de Amón, Tanutamani reunió a su ejército y navegó a Tebas. En su camino, hizo una parada en Elefantina, donde su gobierno fue confirmado por el dios Khnum. Tomó Tebas y allí realizó un ritual que le otorgó el reconocimiento como el rey de Egipto que había sido instalado por el propio Amón. Como si esto no fuera suficiente, el nuevo faraón continuó en Karnak, donde su gobierno fue confirmado nuevamente por Amón. Solo entonces Tanutamani se sintió lo suficientemente preparado para empezar a retomar los territorios egipcios de las manos de los asirios.

La primera victoria del nuevo faraón kusita fue en Menfis, una ciudad que tomó sin mucha oposición. Parece que al menos allí, tenía el apoyo de los ciudadanos y los dignatarios de la ciudad. Sin embargo, envió un rico botín de guerra a Napata como señal de victoria, aunque la transición de poder fue pacífica. Después de continuar con Sais, tuvo que participar en una batalla contra Necao. Tanutamani salió victorioso, y Necao, rey de Sais, murió. La caída de Sais fue suficiente para que algunas de las dinastías locales del Delta se rindieran. El rey kusita prometió que podrían seguir administrando sus territorios ancestrales siempre y cuando lo reconocieran como el señor. Sin embargo, no todo el Delta fue derrotado, y el hijo de Necao, Psamético, logró escapar a Asiria.

Asurbanipal recibió la noticia de la caída de Menfis y la muerte de Necao. Tomó la decisión de lanzar otro ataque a Egipto, y la expedición estaba lista en el 664 a. C. Una vez que los asirios llegaron, Tanutamani decidió que no era lo suficientemente fuerte para luchar contra ellos, y huyó al sur a Tebas. Las dinastías abandonadas del Delta no tuvieron más remedio que renovar su estatus de vasallos con Asiria. Pero como su predecesor, Tanutamani fue perseguido continuamente por el ejército enemigo, y tuvo que dejar Tebas y correr a Kush. Pero el alcalde de Tebas no logró salvar la ciudad esta vez. Se produjo el saqueo y el incendio de la ciudad de Amón, y conmocionó a los egipcios. Lo vieron como un mal presagio, y finalmente se dieron cuenta de que su sociedad era frágil y vulnerable. Fue la caída de Tebas la que eclipsó cualquier otro esfuerzo por recuperar Egipto, y así, la ideología del reinado directo de Amón sobre Egipto comenzó a desaparecer. Se produjo la primera división del doble reino. Mientras Egipto abandonaba la idea de Amón como el gobernante supremo, él seguía siendo la figura central del orden cósmico de los kusitas.

Los asirios decidieron instalar a Psamético I como único gobernante de Egipto, y él comenzó la vigésima sexta dinastía en el

664 a. C. Para evitar que los reyes vasallos juraran lealtad a Kush a la primera señal de problemas, se reinstalaron las antiguas dinastías, como la dinastía de Nimlot en Hermópolis y Peftjauawybast en Heracleópolis. Aunque Psamético I fue instalado por el propio Asurbanipal, en el curso de los nueve años siguientes, expulsó al ejército asirio de Egipto y comenzó a gobernar de forma independiente. En el 656 a. C., instaló a su hija, Nitocris, como la Esposa del Dios de Amón electo, lo que dio legitimidad a su gobierno, al igual que a los anteriores reyes kusitas.

Sin embargo, el Alto Egipto permaneció leal a Tanutamani, aunque hay pruebas de que nunca más volvió a estos territorios. El poder político y económico del Alto Egipto pertenecía al Cuarto Profeta de Amón y al alcalde de Tebas Montuemhat. Se le mencionó en las inscripciones como el "Príncipe de Tebas". Fue Montuemhat quien negoció con Psamético I sobre la instalación de su hija como la Esposa del Dios de Amón. Todo lo que pidió a cambio fue inmunidad política para sus dos predecesores, Shepenwepet II y Amenirdis II. Nitocris fue elevado a la posición sagrada, y la legitimidad de la dinastía pasó de Kashta a Psamético I. Egipto se perdió para los gobernantes de Kush, y el doble reino ya no existía. Sin embargo, la corte de los kusitas permaneció estrechamente ligada al clero tebano de Amón, ya que su ideología aún dependía de la cultura egipcia. Aunque se produjo la división territorial del doble reino, desde el punto de vista cultural, los kusitas siguieron siendo egipcios y no volvieron a su anterior civilización indígena.

Capítulo 4 - Continúan las relaciones entre Kush y Egipto

Psamético I comenzó su año de reinado en el 664 a. C., y después de la elevación de su hija, Nitocris, al cargo de Divina Adoratriz Electa, afirmó su autoridad sobre el Bajo Egipto. Esto significa que para el 656 a. C., Psamético unificó a Egipto bajo un solo gobierno. Pero no habría podido hacerlo si no hubiera recibido la ayuda de las dinastías locales. Para ganarse la confianza del pueblo, necesitaba formar alianzas con los gobernantes locales y las familias ricas de Tebas. Por eso, el cargo de alcalde de Tebas quedó en manos del kusita Montuemhat, y el sobrino de Tanutamani, Harkhebi, siguió siendo el sumo sacerdote de Amón.

Como los funcionarios kusitas permanecieron en Tebas, Kush se mantuvo en contacto con Egipto. La naturaleza de esta relación era religiosa en su núcleo, pero influyó en otros aspectos de la vida de los kusitas. Algunos de los textos mortuorios tebanos se encontraron en las tumbas de la nueva necrópolis de Napata, como extractos del Libro de los Muertos, especialmente el Libro de las Puertas (textos religiosos egipcios para los muertos). Amón seguía siendo la principal deidad de la realeza en Kush, y como su templo en Tebas era tradicionalmente el lugar donde comienza la realeza, Kush no estaba dispuesto a cortar todos los lazos con ella. El contacto directo entre el sacerdocio de Napata y Tebas debía mantenerse.

Pero la relación entre Egipto y el reino de Kush no terminaba con sus lazos religiosos. De hecho, el comercio internacional era importante para ambos reinos, y Psamético I lo alentó vigorosamente. El comercio entre los dos reinos continuó floreciendo durante el reinado del sucesor de Psamético, Necao II, que cavó el canal del mar Rojo para crear una nueva ruta hacia la Tierra de Punt. Para afirmar el control de las rutas comerciales a lo largo del valle del Nilo, Necao tuvo que apaciguar a los trogloditas, tribus nómadas cuyo territorio se extendía desde las orillas del Bajo Nilo hasta el mar Rojo.

No hay pruebas de la importación nubia de bienes a Egipto durante este período, pero había muchos artículos egipcios exportados a Kush. No solo se trataba de mercancías comerciales, sino también de regalos diplomáticos, que atestiguan los esfuerzos por mantener relaciones pacíficas entre los dos reinos. Estos regalos eran a menudo en forma de lujosas vasijas de metal, amuletos y muebles. Fueron encontrados en los cementerios de Nuri, donde los descendientes de la 25ª Dinastía fueron enterrados.

Las décadas siguientes a la retirada de Tanutamani de Egipto vieron a los kusitas construyendo su reino. Los reyes que siguieron no tuvieron acceso a los materiales de construcción egipcios, pero eso no les impidió intentar mantener la arquitectura adoptada en la Baja Nubia. Los reyes de la vigésimo quinta dinastía mantuvieron los altos estándares intelectuales, artísticos y técnicos de sus predecesores que habían gobernado Egipto. La arquitectura, las artes y las inscripciones dan testimonio de la continuidad ininterrumpida de la ideología egipcia, tanto religiosa como política.

Un cambio radical en la actitud de Egipto hacia Kush se produjo durante el reinado de Psamético II (595-589 a. C.). Organizó una expedición militar a Kush, que llegó a Napata. Aunque se desconoce la causa de este ataque militar, hay pruebas de la destrucción intencionada de monumentos, estatuas y nombres de reyes de la dinastía XXV, tanto en Kush como en Egipto. Esta animosidad de

Egipto empujaría al reino de Kush hacia el sur, lejos de la influencia egipcia.

La práctica de destruir toda memoria de los anteriores gobernantes se conoce como *damnatio memoriae* en latín, y sirvió para la propaganda política. Por alguna razón, los gobernantes actuales vieron necesario distanciar su reino de los gobernantes kusitas de Egipto. Desafortunadamente, se desconoce la verdadera razón detrás de esta práctica particular de la *damnatio memoriae*. Los académicos especulan que pudieron haber sido las tendencias políticas del sacerdocio de Tebas Amón las que la provocaron. Preservaron una visión positiva de Kush y mantuvieron vivas las relaciones entre los dos reinos. Posiblemente planearon traer de vuelta el gobierno de Kusita, y los descendientes de Psamético I tuvieron que reaccionar fuertemente para preservar su legitimidad.

Durante las siguientes décadas, las relaciones entre Egipto y el reino de Kush permanecerían hostiles. Sin embargo, la similitud cultural de ambas civilizaciones continuó. Los reyes kusitas continuaron erigiendo sus propias estatuas al estilo egipcio. En lugar de construirlas en Tebas o Menfis, se cambiaron a Napata. Sin embargo, eligieron el estilo arcaico del Reino Nuevo; por lo tanto, estas estatuas de los kusitas no se vieron influidas por las tendencias del arte contemporáneo de Egipto. Esto fue probablemente debido al aislamiento de Kush. Con las relaciones entre los dos reinos volviéndose violentas, no es de extrañar que la influencia egipcia se detuviera, al menos por el momento.

El aislamiento que Kush experimentó después de la guerra con Psamético II se levantó finalmente durante el reinado del faraón Amosis II (570-526 a. C.). Este renovado contacto trajo de vuelta el comercio internacional entre los dos reinos vecinos, y nuevos artículos egipcios fueron importados a Kush. También hay un documento que habla de una escolta militar para una caravana comercial que viajaba hacia el sur a través del valle del Nilo. El documento utiliza la fecha del año 41 del gobierno de Amosis, que lo sitúa en el 529 a. C.

Los reyes kusitas durante el siglo VII

Tanutamani fue sucedido por Atlanersa, el hijo de Taharqo. Se cree que era demasiado joven para heredar el trono después de la muerte de su padre, especialmente desde que se planeaba la reconquista de Egipto. No se sabe mucho sobre la política del reino de Kush durante el reinado de Atlanersa porque las pruebas escritas son muy escasas. Sin embargo, algunos de los cambios culturales más importantes ocurrieron durante su reinado. Por ejemplo, la necrópolis de Nuri de Taharqo se volvió a utilizar después de que Tanutamani la abandonara durante toda una generación.

Otro logro prescrito a Atlanersa es la construcción del templo al pie de la montaña sagrada Gebel Barkal cerca de Napata. Este templo es conocido como B700, y atestigua la supervivencia de la tradición de construcción de templos que habían iniciado los reyes de la vigésimo quinta dinastía. La iconografía y el estilo del templo coinciden con los de los predecesores de Atlanersa que habían gobernado Egipto. Algunos investigadores creen que esto representa la integridad constitucional y política del reino de Kush, que continuó usando la misma ideología incluso después del colapso del doble reino.

Uno de los relieves del Templo B700 muestra al rey Atlanersa en la típica escena de "unión de las dos tierras". Este relieve fue visto originalmente como el rito de coronación de los faraones egipcios, y nunca antes se había visto en la tradición kusita. Pero ahora, esta escena entró en la práctica de legitimación real de los kusita y se convirtió en un tema religioso. Aunque los dos reinos estaban físicamente distantes, la integración cultural de las prácticas de Egipto continuó.

Excepto los templos construidos por Atlanersa y algunos de los textos de entronización grabados en ellos, nada más fue preservado, y por lo tanto, no se puede especular nada sobre el reinado de este rey. Fue sepultado en Nuri en un sarcófago de granito, cuyas inscripciones dan testimonio de la riqueza de las tradiciones kusitas. Fue sucedido por Senkamanisken, cuyo reinado es aún más oscuro. Solo sabemos de su existencia porque algunas de sus estatuas fueron encontradas en

Napata, Kawa y Meroe. Gobernó aproximadamente entre 640 y 620 a. C., y tuvo dos hijos, que heredaron el trono después de él.

El primer hijo que heredó el trono de Kusita después de Senkamanisken fue Anlamani. Se desconocen las fechas exactas de su reinado, pero murió alrededor del 600 a. C. Su inscripción de coronación encontrada en el templo de Kawa es la primera mención de que los kusitas tomaron una postura agresiva hacia algunas de las tribus nómadas que habitaban su territorio. El texto describe cómo el rey Anlamani aniquiló las fuerzas de su enemigo durante la ceremonia de entronización. Este pasaje llevó a los académicos a creer que la excursión no era de naturaleza militar sino más bien ceremonial. Esto significaría que el conflicto entre los kusitas y la tribu de los blemios (ancestros del pueblo Beja en el Sudán moderno) se escenificó con el propósito de la coronación del rey. Parece que el enemigo de Anlamani no era más que una tribu nómada que vivía en el territorio kusita.

Cuando Anlamani murió, el trono fue sucedido por su hermano, Aspelta. Esto sugiere que el reinado de Anlamani fue corto y que no tenía un hijo maduro que pudiera heredar. El hecho de que una de sus estelas mencionara cómo fue elegido como rey por un grupo de líderes religiosos y militares prueba esta hipótesis de sucesión. La evidencia textual que dejó atrás es suficiente para llegar a la conclusión de que el período de reyes entre Tanutamani y Aspelta fue un período de continuidad política, sin mayores conflictos en el propio gobierno.

Otra estela de la época de Aspelta, conocida como la Estela del Destierro, mencionaba una agitación interna en el reino, pero los detalles de esta agitación permanecen ocultos. Aparentemente, en el segundo año del nuevo reinado del rey, ocurrió un crimen en el templo de Amón en Napata, por el cual los sacerdotes fueron castigados. Pero el hecho más importante es que los nombres y títulos de los reyes Anlamani y Aspelta fueron borrados de esta estela y de otra encontrada en el templo de Amón de Napata. Incluso la figura del rey fue borrada de la Estela del Destierro, pero fue restaurada más tarde. También, el rostro de la Reina Madre, sus nombres y títulos, y los nombres de todos los ancestros femeninos de Aspelta fueron raspados. Parece que el perpetrador pretendía refutar la legitimidad no solo del rey Anlamani sino también de toda la línea de sucesión femenina.

Un crimen similar ocurrió en Meroe, donde la estatua del rey fue destrozada; debido a este acto, la inscripción en ella se perdió para siempre. Sin embargo, no todas las estelas del rey Anlamani fueron destruidas. La estela de Khaliut fue transferida más tarde al templo de Amón en Napata, donde reemplazó a la antigua estela. Los esfuerzos del rey Aspelta para restaurar el buen nombre de Anlamani muestran que se preocupaba profundamente por el reinado de su hermano. Es muy posible que la destrucción del nombre y la imagen de su predecesor, así como de sus ancestros femeninos, tuviera algo que ver con la legitimidad de Aspelta en el trono. Es posible que no tuviera el apoyo de todo el pueblo y que hubiera algunos individuos rebeldes que rechazaran su reinado.

La Estela del Destierro describe el castigo de un grupo de sacerdotes que fueron expulsados de la ciudad de Napata y quemados vivos porque intentaron matar a un hombre inocente. Si el texto de la Estela del Destierro puede relacionarse con la supresión de los nombres del hermano y la madre del rey, es muy posible que estos sacerdotes conspiraran contra el rey y fueran castigados por ello. Sin embargo, no hay evidencia que pueda conectar la Estela del Destierro con la obvia *damnatio memoriae* realizada a los reyes Anlamani y Aspelta.

Quemar a los condenados no era un castigo habitual en Kush, y podría ser un signo de un crimen muy severo, como los planes para matar al rey. El hecho de que los sacerdotes estuvieran involucrados lleva a la idea de que había confusión política, ya que los sacerdotes eran líderes administrativos del reino además de su posición religiosa. Esto se debe a que solo los sacerdotes recibían la suficiente educación para ser elegidos como funcionarios del gobierno. El acto de quemar a los condenados parece tener una connotación ritualista y está relacionado con un crimen contra el dios Amón. Como Amón era la personificación de la realeza, es fácil concluir que los sacerdotes castigados trataron de derrocar al rey legítimo.

Psamético II y la campaña de Nubia

Uno de los acontecimientos más importantes que ocurrieron durante el reinado del rey kusita Aspelta es, sin duda, la campaña militar egipcia en Nubia. En el 593 a. C., el faraón egipcio Psamético II lideró sus fuerzas contra el reino de Kush. Los registros de esta expedición se encontraron en varias estelas a lo largo de Egipto, pero el texto mejor conservado del triunfo del faraón se descubrió en la frontera egipcio-musulmana en Shellal, cerca de Asuán.

El conflicto entre Egipto y Kush fue iniciado por Psamético II, y lo planeó con precisión, incluso hasta la batalla misma que tuvo lugar cuando las aguas de la Primera y Segunda Cataratas eran navegables. El faraón lo planeó así para poder transportar rápidamente su ejército a Kush. Tan pronto como los egipcios llegaron a Pnubs, la batalla comenzó. Pnubs se menciona a menudo en los textos de la entronización kusita, pero su ubicación real es una fuente de especulación. Algunos creen que podría ser identificado como Tabo en la isla de Argo, mientras que otros creen que fue el antiguo sitio de la ciudad de Kerma. Sin embargo, las fuentes egipcias describen este territorio como "el país montañoso de los Pnubs", y ni la antigua Kerma ni Tabo coinciden con esta descripción. Una tercera hipótesis sobre la ubicación de Pnubs afirma que era la región intransitable de la Tercera Catarata.

De cualquier manera, si es cierto que la batalla ocurrió en el sitio de la Tercera Catarata, significa que el terreno en sí no era adecuado para el uso de la caballería, por la cual el ejército egipcio era famoso. Sin embargo, el faraón ordenó un ataque y salió victorioso. Los textos describen al enemigo huyendo del campo de batalla, así como la captura de unos 4.000 prisioneros. Pnubs fue el lugar de la primera y última victoria egipcia contra los kusitas durante la campaña de Nubia, pero ninguno de ellos menciona la causa de la batalla. Solo un fragmento de la Estela de Tanis habla de un posible ataque nubio a los territorios del sur de Egipto. Según esta fuente, Psamético II estaba en Elefantina cuando se enteró de las intenciones de los kusitas, y rápidamente envió un ejército a la tierra de Kush.

Después de la batalla de Pnubs, Psamético II saqueó la parte norte del reino de Kush y probablemente llegó a Napata, aunque la ciudad residencial real no se menciona en ninguna de las fuentes egipcias. Por eso algunos estudiosos se preguntan si Egipto fue responsable de los problemas de Napata o si se debió a una lucha interna en Kush. Después de todo, ¿por qué ninguna fuente egipcia mencionaría un detalle tan importante como la ocupación de la capital de sus enemigos? Pero la verdad es que muchos de los lugares geográficos mencionados en Kush aún no están localizados. La Estela de Tanis menciona la residencia real *Trgb*, que podría ser identificada como Napata, ya que a menudo se la denominaba la residencia real.

Tanto si los egipcios saquearon Napata como si no, Aspelta decidió trasladar su capital a la ciudad meridional de Meroe, donde se sintió más seguro ante cualquier nuevo ataque. Psamético II se retiró a Elefantina después de la victoria, y ni siquiera se molestó en establecer su gobierno en las zonas recién conquistadas. Esto sugiere que no tenía ninguna intención real de conquistar los territorios de Kush, sino que simplemente detenía cualquier intención que este reino nubio pudiera tener de conquistar Egipto. El hecho de que su ejército destruyera todo recuerdo de la 25ª Dinastía, tanto en Egipto como en Kush, muestra que la campaña nubia fue en realidad un acto de resentimiento hacia los kusitas en vez de un intento de conquistar nuevas tierras.

Napata continuó existiendo como ciudad, y durante algún tiempo, aún actuó como centro administrativo y económico de la región, aunque la residencia real fue transferida a Meroe. Sin embargo, a través del tiempo, la región se volvió cada vez menos inhibida. Incluso la agricultura sufrió, ya que la gente se trasladó más al sur, atraída por el creciente poder económico de Meroe. Napata, que en su día fue una fuerte capital del reino, quedó reducida a una ciudad, que sería saqueada de nuevo muchos siglos después cuando los romanos, provocados por una reina kusita, entraron en la región.

Capítulo 5 - Kush entre los siglos VI y III

Los próximos 150 años después de la campaña nubia carecen de pruebas arqueológicas y textuales. Crea la ilusión de un repentino declive, ya que no se conserva nada sobre los diez gobernantes que siguieron a Aspelta excepto sus tumbas. Incluso estas fueron constantemente saqueadas, así que se encontró muy poco que dé una idea de la relación kusita-egipcia. Los diez reyes, desde Aramatelqo hasta Talakhamani, fueron enterrados en la necrópolis de Nuri, cerca de Napata, aunque la capital se trasladó a Meroe. Esto significa que se siguió la tradición, y se preservó la continuidad de la política a partir de la vigésimo quinta dinastía. Parece que incluso la línea de sucesión era recta, y todos los reyes pertenecían a la misma familia real.

En promedio, cada uno de los reyes del siglo VI y principios del V gobernó durante quince años. Los títulos que utilizaron estos reyes kusitas eran los mismos que los de todos los demás descendientes de la vigésimo quinta dinastía, pero es evidente la falta de Horus, Nebty y Horus Dorado entre los títulos. No se sabe si la falta de estos títulos fue un esfuerzo por distanciar a Kush del estilo egipcio de reinado, o si se han perdido simplemente porque las arenas del tiempo destruyeron las inscripciones de las tumbas reales.

Durante este período, Meroe se convirtió en un importante centro económico, social y cultural del reino de Kush. Los excesivos proyectos de construcción comenzaron con el rey Amaninatakilebte, que gobernó a finales del siglo VI, y continuaron durante los reinados de sus sucesores, Karkamani y Amaniastbarqo. Todos ellos invirtieron en el templo de Amón en Meroe. Napata aún no estaba completamente abandonada, así que los proyectos de construcción continuaron allí también, aunque se limitaron a la ampliación de los templos ya existentes.

A mediados del siglo V, el antiguo historiador griego Heródoto describió las tierras de Kush, nombrándolas Etiopía. Pero no fue el primer hombre en usar este término. Fue mencionado en la Ilíada y la Odisea de Homero como las tierras habitadas por el pueblo "cara quemada". La palabra Etiopía en sí misma es un derivado de dos palabras griegas, que pueden ser traducidas como "cara quemada", en alusión al color de la piel de las personas que habitaban ciertas partes de África. Pero Heródoto fue el primero en utilizar este término en relación con el reino de Kush. Afirmó que viajó personalmente a Elefantina, la ciudad egipcia más meridional que estaba casi en la frontera con Etiopía. Según Heródoto, había dos Etiopías, una que se extendía desde Elefantina hasta Meroe y la Etiopía utópica más al sur.

Heródoto explica que esta Etiopía utópica del extremo sur produjo enormes cantidades de oro e importó enormes elefantes a Egipto. Describe a la gente de esta lejana parte de Kush como muy alta y guapa, y afirma que vivieron mucho tiempo. La existencia de dos Etíopias puede explicarse por la fluida frontera de Kush y Egipto. Es posible que los diversos conflictos políticos del siglo V hayan desplazado la frontera entre los dos reinos, lo que significa que el territorio del norte de Kush se intercambiaba a menudo con Egipto.

¿Pero por qué los griegos se interesaron en el vecino del sur de Egipto en primer lugar? ¿Por qué estaba Heródoto allí para presenciar a Etiopía y escribir sobre ella? Podría ser la postura de Egipto hacia Kush lo que provocó el interés de los extranjeros. En algún momento durante el gobierno del faraón Amosis II (Amasis II,

570-526 a. C.), las relaciones comerciales entre Egipto y Kush se renovaron. Esto significa que el oro kusita y otros bienes comerciales, como animales y ébano, viajaron a través de Egipto al mundo mediterráneo de Grecia. Allí, estos artículos despertaron el interés por su procedencia, y este interés no era solo de naturaleza material. Los eruditos, como Heródoto, también se interesaron por las personas que habitaban las tierras lejanas del sur de Egipto.

Cuando Cámesis (525-522 a. C.) del imperio aqueménida conquistó Egipto y se proclamó a sí mismo faraón, continuó su expedición militar a las tierras de Kush. La leyenda incluso dice que llegó a la ciudad de Meroe y que fue él quien la nombró. Pero en realidad, esta historia tradicional podría ser el reflejo de una conquista anterior de Nubia por Psamético II. Durante el gobierno del rey persa Darío el Grande (522-486 a. C.), Kush fue incluido como estado vasallo del imperio persa en la "lista de pueblos" del emperador, un documento que enumera todos los pueblos que fueron súbditos del imperio aqueménida. Antes de eso, solo se mencionaba como la tierra que daba tributo en marfil para la construcción del palacio de Susa. Cuando Jerjes I (486-465 a. C.) llegó a gobernar Persia, Kush todavía estaba en la lista de estados vasallos. El historiador Heródoto apoya la evidencia persa al describir a los guerreros kusitas como luchadores del ejército de Jerjes en la batalla de las Termópilas.

Como estado vasallo del imperio persa, el reino de Kush todavía tenía sus propios gobernantes. El interés de los kusitas en Egipto se renovó, ya que la antigua 26ª Dinastía que guardaba resentimiento hacia Kush había desaparecido. El reino era libre de renovar la relación con su antiguo socio comercial, y las antiguas rutas de caravanas fueron reabiertas. Sin embargo, Egipto fue golpeado por una serie de rebeliones contra el dominio persa, comenzando en el 486 a. C., y Kush lo vio como una oportunidad para recuperar la Baja Nubia. Este territorio, entre la Primera y la Segunda Catarata, había sido conquistado por Psamético II, y desde entonces, nunca fue realmente integrado de nuevo en Kush.

Pero los gobernantes kusitas se tomaron su tiempo para preparar la reconquista de la Baja Nubia. Parece que el momento no era el adecuado hasta la tercera rebelión contra el dominio persa, que ocurrió en el 414. En ese momento, Kush estaba gobernado por Irike-Arnannote (también conocido como Amanineteyerike, cuyo año exacto de reinado se desconoce), que sucedió a su tío Talakhamani. Esta sucesión colateral podría haberse inspirado en la preparación de una expedición militar a la Baja Nubia. Las fuentes afirman que Irike-Arnannote fue elegido rey cuando tenía cuarenta y un años. De nuevo, la realeza se decidió por sus años de madurez y experiencia en la guerra.

Otra evidencia de su intención de retomar los territorios perdidos de Nubia fue su elección del título real. "Re es aquel cuyo corazón es hermoso" nunca fue usado antes en la tradición kusita. Sin embargo, el único gobernante egipcio que tenía este título era nada menos que Psamético II, quien inicialmente conquistó la Baja Nubia desde Kush. Esta adopción del título de su enemigo casi tuvo el mágico propósito de revertir la historia. La intención de conquista también está apoyada por sus otros títulos reales, como "Capturador de todas las tierras" o "Toro poderoso que aparece en Tebas".

Aunque los kusitas obviamente planearon la conquista de la Baja Nubia, y de hecho dejó de ser un territorio egipcio a finales del siglo 5, no hay evidencia de la participación de Irike-Arnannote en el asunto. Excepto por sus títulos, nada confirma que dirigió el ejército kusita en una expedición militar. La rebelión egipcia terminó en el 404 a. C., y la realeza fue devuelta a la familia real de Sais. El nuevo faraón era Amyrtaios de Sais, y movió la frontera de Egipto al norte de la Primera Catarata, pero la evidencia de las guarniciones militares de los kusitas en esta área aún no se ha encontrado.

Un documento fechado en el primer y segundo año del gobierno de Irike-Arnannote menciona los problemas internos que experimentó el reino de Kush. Las tribus nómadas Rehrehe de Butana se rebelaron y tomaron el territorio al norte de Meroe, capturando a toda la gente y el ganado que habitaba esta zona. El documento describe la oración del rey por la ayuda de Amón y cómo envió al ejército de los kusitas para hacer frente a la rebelión mientras él permanecía en la residencia real de Meroe. Es posible que, por tradición, Irike-Amannote no tuviera derecho a liderar el ejército, ya que su etapa como rey de Kush aún no había terminado. El reino estaba bajo el gobierno directo de Amón y el ejército no podía ser dirigido por nadie más que el propio dios.

La tradición exigía que Irike-Arnannote fuera coronado en diferentes lugares del reino, por lo que el proceso de coronación de un nuevo rey podía llevar unos cuantos años. Esto no significaba que el futuro rey no pudiera asumir sus deberes antes de que las ceremonias se llevaran a cabo. Simplemente significaba que el reino estaba directamente gobernado por los dioses en el período de tiempo entre los dos reyes. Irike-Arnannote fue coronado en Meroe, Napata, Kawa y Pnubs. Durante su gira de coronación ceremonial, tuvo que enfrentarse a una rebelión del pueblo nómada de los Medjay, a los que derrotó fácilmente.

El hecho de que el nuevo rey tuviera que tratar con las tribus nómadas que ocupaban el territorio entre el Nilo y el mar Rojo habla de la magnitud del reino de Kush durante este período. Sin embargo, las tribus nómadas y su forma de vida eran difíciles de integrar en el gobierno centralizado. Las sociedades que estaban en constante movimiento eran difíciles de controlar, pero Kush dependía en gran medida del ganado que proporcionaban y no podía simplemente abandonarlos.

El aspecto socioeconómico del reino de Kush durante el gobierno de Irike-Arnannote permanece oculto, pero es obvio que la relación con Egipto se vio disminuida. Esto se muestra no solo en la falta de artículos egipcios sino también en los textos, que están todos escritos en el idioma egipcio corrompido, lo que significa que la educación de los sacerdotes ya no se basaba en la tradición egipcia. Se desconoce cuándo exactamente Kush se alejó del uso del idioma egipcio, pero es obvio que a fines del siglo V, los kusitas desarrollaron su propio idioma: el meroítico. Pero aunque hablaban en su lengua indígena, el egipcio era la lengua oficial para los documentos escritos. Sin embargo, los sacerdotes kusitas no siguieron las tendencias contemporáneas de la escritura egipcia, pero también se alejaron más de la tradición. Aun así, no lograron crear su propio estilo, y el resultado fue un egipcio gramaticalmente incorrecto. El meroítico se convertiría en el idioma oficial de la escritura mucho más tarde, en los albores del siglo III.

El trono kusita pasó a Baskakeren, cuyo reinado fue muy breve. Fue sucedido por el rey Harsiyotef, quien gobernó aproximadamente desde el 404 hasta el 369 a. C. Este rey dejó un documento escrito en el templo de Amón en Napata, en el que describe nueve victorias militares que obtuvo durante los primeros treinta y cinco años de su reinado. Cinco de estas nueve victorias fueron contra las tribus nómadas de la región norteña de Butana. Dos de las expediciones militares que figuran en la lista fueron dirigidas a la Baja Nubia, mientras que otras dos fueron contra los pueblos nómadas de Rehrehe y Medjay, que ocupaban las partes centrales del reino de Kush. No está claro si el rey dirigió estas expediciones personalmente, aunque se sabe que Harsiyotef envió a su sirviente a dirigir las tropas kusita en una campaña en la Baja Nubia en su undécimo año de reinado. Debido a que el resto de las campañas carecen de este tipo de nota al margen, es seguro suponer que las otras expediciones fueron lideradas por Harsiyotef.

La expedición a la Baja Nubia en su undécimo año de reinado es de particular interés. El documento describe cómo los rebeldes asediaron la ciudad de Mirgissa, tras lo cual el rey envió un ejército de socorro. Pero el hecho interesante es la posición de esta ciudad. Está más allá de la Primera Catarata del Nilo, lo que sugiere que en la época del gobierno de Harsiyotef, Kush no solo controlaba la Baja Nubia hasta la Segunda Catarata, sino que también controlaba los territorios del norte, entre la Primera y la Segunda Catarata. El hecho de que los rebeldes huyeran a Asuán después de la llegada del ejército kusita significa que Egipto estaba de alguna manera involucrado en el conflicto, pero se desconoce hasta qué punto.

En el decimoctavo y vigésimo tercer año de gobierno de Harsiyotef, se libró una guerra contra las ricas tribus nómadas. Su principal ocupación era la cría de ganado y el comercio. Debido a su riqueza, sus constantes desplazamientos y su estatus social, era difícil para el rey afirmar su dominio sobre estas tribus. Creyendo que tenían alguna influencia política, estas tribus a menudo se rebelaban contra el gobierno centralizado, que no se adaptaba a su estilo de vida. Dado que un gobierno centralizado significaba que todo el poder se concentraba en las grandes ciudades administrativas, para que uno prosperara, necesitaba permanecer cerca de ellas. Para las personas que se desplazaban constantemente de un territorio a otro, dependiendo de la estación del año, un gobierno centralizado significaba la pérdida de oportunidades de negocio.

Pero no era solo la falta de oportunidades lo que molestaba a los nómadas. Eran ricos porque poseían un gran número de ganado que podía ser exportado. Naturalmente, el rey quería su parte de las ganancias del ganado. Al menos quería que los nómadas gastaran su riqueza en las ciudades, donde los impuestos y tributos debían ser pagados directamente a él. Incluso hay indicios de que los reyes de Kush trataron de insertar impuestos especiales más altos a los criadores de ganado en base a su prestigio.

El último rey de Kusita que fue enterrado en la necrópolis de Nuri, cerca de Napata, fue Nastasen. Probablemente era el hijo de Harsiyotef, aunque no heredó el trono directamente de él. Puede haber habido tres reyes que gobernaron antes de Nastasen, que probablemente eran todos sus hermanos. Probablemente gobernó en algún momento entre el 335 y el 310 a. C., aunque los años exactos son difíciles de concluir. Como las cámaras más bajas de su tumba en Nuri se inundaron con aguas subterráneas, parece que hay mucho por descubrir sobre este rey. Debido a la inundación, la tumba fue sellada antes, y parece que los ladrones de tumbas la dejaron intacta. Los arqueólogos están trabajando incansablemente en ella, pero muchos objetos fueron destruidos debido a la constante exposición al agua.

Sin embargo, Nastasen dejó una estela con un largo texto de importancia histórica, que nos da una idea de su reinado y del gobierno de los kusitas durante las últimas décadas del siglo IV. La estela de Nastasen es su documento de entronización, y enfatiza los lazos dinásticos del rey con Harsiyotef. Debido a esto, muchos eruditos asumen que tuvo lugar una descendencia directa, pero hay una teoría que afirma que Nastasen no tendría que enfatizar su relación con Harsiyotef si fuera realmente su hijo. Ya que no hay evidencia que sugiera lo contrario, la creencia en la relación padre-hijo permanece.

Similar a la estela de Harsiyotef, Nastasen enumera los conflictos militares que ocurrieron durante los primeros ocho años de su gobierno. Muchos de ellos fueron conflictos ceremoniales o el fin de pequeñas rebeliones. Sin embargo, el mero número de ellos sugiere que la integridad territorial adquirida por Harsiyotef tuvo que ser defendida, lo que no pudo ser una tarea fácil. La Baja Nubia seguía siendo administrada por los jefes locales con la condición de que reconocieran al rey kusita como su superior. Sin embargo, esto no les impidió rebelarse. En el sur del país, el continuo descontento de las tribus nómadas se convirtió en conflictos armados en algunas ocasiones. Cada vez, Nastasen salió victorioso, y detalló todo el botín de guerra que reunió. La cantidad de oro y ganado que aparece en su estela como ganancias de guerra es asombrosa, pero considerando que las tribus nómadas kusita estaban entre las personas más ricas del reino, no es imposible.

Los últimos años del gobierno de Nastasen se vieron probablemente afectados por la segunda conquista de Egipto por el imperio persa (343-332 a. C.), el gobierno macedonio de Alejandro Magno (332 a. C.) y la posterior dinastía ptolemaica (a partir del 323 a. C.). Hay algunas pruebas de que los macedonios entraron en los territorios de Kush ya en el reinado de Ptolomeo I. Sin embargo, todos estos conflictos se concentraron alrededor de las regiones fronterizas egipcio-musulmanas, lo que indica que los kusitas fueron los agresores. Es posible que Nastasen viera una oportunidad en la lucha interna egipcia durante los primeros años del reinado de Ptolomeo y que dirigiera el ataque con la intención de ganar los territorios del Alto Egipto. Sin embargo, no hay pruebas de su éxito o de su gobierno en las partes meridionales de Egipto.

Un cuento de la relación romántica entre Alejandro Magno y la reina meroítica Candance no es más que un producto de la imaginación de Pseudo-Calístenes, el autor de *Romance de Alexandre*. Escribió cómo Alejandro atacó Kush en el 332 a. C., pero la reina preparó su ejército, y se puso al frente de él en un enorme elefante de guerra. Viendo el poderío de la reina Candance, Alejandro renunció a conquistar Kush, y regresó a Egipto. Sin embargo, ese no fue el final de su contacto. A través de las conexiones diplomáticas, Alejandro comenzó un romance con ella. Como nota al margen, los griegos y romanos se equivocaron al asumir que Candance era el nombre de esta reina. De hecho, esta era la forma latinizada del título Kusita "Kandake", que sería usado por la hermana del rey o una esposa que llevaría al sucesor al trono. La hermana solo era nombrada con este título si el rey no tenía una esposa capaz de darle un sucesor. Ella fue elegida como Reina Madre, y su hijo sería el sucesor al trono. No importa cuán exótica y atractiva pueda sonar la historia de Alejandro y Candance, la única verdad en ella es la existencia de conexiones diplomáticas entre el reino de Kush y el Egipto de Alejandro.

El sucesor de Nastasen trasladó el lugar de sepultura real de Nuri, cerca de Napata, a Gebel Barkal. Este traslado podría haber sido causado por el cambio dinástico, pero es más probable que el verdadero motivo fuera la falta de espacio elevado para las tumbas reales. Como vimos, la tumba de Nastasen fue inundada por aguas subterráneas porque no estaba lo suficientemente elevada. Sus sucesores probablemente eran conscientes de este problema, y debido a que la vida después de la muerte jugaba un papel tan importante en la vida de los gobernantes piadosos, la importancia de los cementerios adecuados era enorme.

Aktisanes sucedió a Nastasen y fundó la nueva necrópolis, donde las pirámides, que eran mucho menos opulentas, atestiguan los tiempos difíciles que siguieron en Kush. Observando las primeras tumbas construidas en el sitio de Gebel Barkal, parece que la pobreza del reino duró durante los reinados de los siguientes tres o cuatro reyes. Esta pobreza pudo haber sido causada por los fallidos esfuerzos militares de estos reyes en el Alto Egipto. La guerra constante le costó al reino, y ni siquiera las riquezas de las tribus nómadas ayudaron.

La evidente pobreza del reino se profundizó aún más con la campaña nubia de Ptolomeo II en el 274 a. C. Su motivo de guerra con Kush no fue la conquista de tierras sino asegurar las rutas comerciales a lo largo del Nilo. La expedición de Ptolomeo a Nubia no fue contra Kush, ya que buscaba establecer un comercio seguro con el reino. En cambio, fue contra los jefes y las tribus de la Baja Nubia, que representaban una seria amenaza para las caravanas comerciales. Debido a esto, Ptolomeo tenía el plan de anexar este territorio y renovar las buenas relaciones entre Egipto y Kush.

En el pasado, Egipto había perdido su suministro de elefantes de guerra porque los estados sucesores de Macedonia en la región lo aislaron del subcontinente indio. Se podía encontrar una fuente alternativa de elefantes en las regiones más meridionales de Kush, donde estos animales vagaban libremente. Aunque los kusitas utilizaban elefantes, sus conocimientos para capturarlos y entrenarlos eran muy limitados. Los expertos egipcios necesitaban un paso seguro a los territorios donde podían cazar a los animales y desde los cuales podían transportarlos de vuelta a Egipto con poco esfuerzo. Ptolomeo tenía dos rutas en mente: la carretera terrestre a lo largo del Nilo que llevaba más allá de la Quinta Catarata y una ruta que lo llevaría a lo largo de la costa del mar Rojo. Para usar exitosamente cualquiera de estas rutas comerciales, necesitaba evitar la Baja Nubia.

Pero la anexión de la Baja Nubia también significaba que las minas de oro de la zona pasarían a manos egipcias, y esto era algo a lo que los kusitas se oponían. Un conflicto era inminente, y aunque Kush perdió, también recibió tremendos beneficios de ello. Las rutas comerciales abiertas por los egipcios trajeron prosperidad a Kush, y el reino pasó por otro renacimiento cultural. Egipto no solo renovó su relación económica con el reino de Kush, sino que también empezó a importar sus propios intelectuales y artesanos.

Capítulo 6 - La dinastía meroítica

Las Pirámides de Meroe
*https://en.wikipedia.org/wiki/Mero%C3%AB#/media/
Archivo:NubianMeroePyramids30sep2005(2).jpg*

La anexión de la Baja Nubia por parte de Egipto y su contrato comercial con Kush trajo consigo nuevas oportunidades. El reino de Ptolomeo no limitó su comercio al territorio kusita; también fue más allá a los estados africanos más al sur y al Cuerno de África. Pero todos los bienes importados, como animales exóticos, maderas,

maderas aromáticas y materias primas, tenían que pasar por Kush, lo que significaba que el reino tenía derecho a recaudar el impuesto sobre el transporte.

Debido a este comercio con las tierras del Cuerno de África, las regiones meridionales del reino de Kush comenzaron a desarrollarse a gran velocidad, especialmente las regiones de Butana y Gezira. Pero el crecimiento exponencial de la riqueza a través del comercio dio lugar a cambios políticos, específicamente cambios dinásticos. La historia de este cambio fue preservada por un erudito griego del siglo II: Agatárquidas de Cnido. Su versión de los eventos es a menudo citada, pero también es mal entendida. Principalmente, Agatárquidas era un geógrafo, y la precisión histórica no le preocupaba mucho. A través de sus escritos, trató de mostrar la superioridad de la cultura griega sobre los sistemas de creencias tradicionales de otras naciones. Por eso su historia de la política de los kusitas debe ser tomada con cautela.

Según Agatárquidas, los sacerdotes de Meroe tenían tanto poder que ordenaban a los reyes morir cuando querían cambiar de gobernante. Fingían recibir un mensaje directamente de los dioses, y el rey no podía rechazar tal orden. El erudito griego continúa describiendo al pueblo de Kush como simple y arraigado en su tradición, incapaz de hablar en contra de los sacerdotes todopoderosos. Pero el rey Ergamenes, que tenía entrenamiento en filosofía griega, era lo suficientemente fuerte como para ignorar la orden de los sacerdotes de morir. En su lugar, levantó un ejército y masacró a todos los sacerdotes de Meroe. Agatárquidas también expresa su propia opinión sobre Ergamenes, diciendo que era digno de ser rey por su determinación.

La historia se inventa obviamente para degradar al pueblo de Kush y sus tradiciones, así como para hacer un punto de vista de la "suprema" filosofía griega. El héroe de la historia, Ergamenes, tenía educación griega, y los lectores pueden ver el obvio triunfo de la razón sobre la superstición. Pero hay algo de verdad en la historia de Agatárquidas. Los reyes de Kush necesitaban legitimación de los oráculos, y los sacerdotes tenían un enorme poder en Meroe (aunque no el suficiente para ordenar a los reyes que murieran). La historia también es probablemente correcta sobre el rey Ergamenes levantando un ejército, pero en realidad, no masacró a los sacerdotes sino que ganó una lucha dinástica por el trono kusita.

¿Pero quién era el rey Ergamenes? Seguramente, es un nombre griego. De hecho, es la versión helenizada de su nombre kusita, así que la historia no sabe realmente sobre qué rey Agatárquidas escribió. El nombre helenizado podría ser un derivado de Arakamani (Arkamaniqo) o Arqamani. Debido a esto, los académicos tienden a creer que Agatárquidas fusionó dos reyes en un Ergamenes semimítico.

El rey Arakamani es conocido por separar el estado de la iglesia atacando a los sacerdotes del templo de Amón de Napata. Debido a esto, algunos historiadores están ansiosos por creer que él era el verdadero Ergamenes de la historia de Agatárquidas. Pero él hizo más que eso. Para separar a los sacerdotes del concepto de poder con el que la gente los asociaba, trasladó la capital de Napata a Meroe. Aunque algunos eruditos creen que no movió la capital sino solo la necrópolis, aún se le considera el primer rey del período meroítico de Kush.

El hecho de que Arakamani tomara el título de "El corazón de Re se regocija", que pertenecía al faraón Amosis de la vigésimo sexta dinastía, sugiere que usó el ejército para derrotar a su oponente y subir al trono kusita. Amosis fue el único faraón egipcio que usó este título, y nunca ocultó el hecho de que era un usurpador. Si Arakamani tomó prestado el título del faraón usurpador, es muy posible que estuviera tratando de decir que llegó al poder de una manera similar. Los reyes kusitas eran conocidos por tomar prestados títulos de los gobernantes egipcios con los que querían asociarse, y lo más probable es que no fuera diferente en el caso de Arakamani.

Su traslado de la necrópolis real a la ciudad de Meroe podría sugerir que la nueva dinastía tenía lazos hereditarios con el sur del reino. Aunque no sabemos cuándo gobernó exactamente Arakamani (ni siquiera podemos empezar a adivinar cuándo trasladó la capital a Meroe), se sabe que todo ocurrió a principios del siglo III a. C., ya que este rey kusita fue contemporáneo de Ptolomeo II Filopátor, que gobernó Egipto desde el 285 hasta el 246 a. C.

Se cree que el período meroítico del reino de Kush comenzó con el reinado de Arakamani. Aunque el poder se concentraba ahora en la capital sureña de Meroe, todo el reino sufrió desarrollos, que se atribuyen a este rey y a su sucesor, Amanislo. La teoría de que solo los cementerios de la familia real se trasladaron de Napata a Meroe se apoya en el hecho de que Amanislo comenzó las obras de renovación de la residencia real en Napata.

El reino de Kush y el Egipto ptolemaico

El reino de Kush continuó sus relaciones comerciales con Egipto aunque intentó ganar los territorios de la Baja Nubia después de la conquista de Egipto por Alejandro Magno. La dinastía ptolemaica de Egipto, que fue el resultado de esa conquista, continuó las buenas relaciones comerciales entre los dos reinos, y también renovó la conexión entre los sacerdotes kusitas y egipcios. Esta conexión trajo un nuevo renacimiento cultural al reino de Kush.

Después de la muerte de Alejandro Magno, sus generales más cercanos lucharon por el poder sobre las tierras que conquistaba. El resultado fue la división de los territorios, y Egipto fue tomado por Ptolomeo, que se proclamó a sí mismo como faraón. Ptolomeo era macedonio, y con su gobierno, la influencia helénica comenzó no solo en Egipto sino en todos los territorios cercanos. El reino de Kush ya compartía la religión y la cultura de Egipto, y cuando llegó el helenismo no pudo resistir su influencia. La arquitectura y el arte oficial de construcción de monumentos fueron probablemente los más influenciados por el helenismo, pero los conceptos religiosos y la iconografía siguieron. Incluso las artes menores, como la pintura en cerámica, sucumbieron al estilo helenístico.

Egipto no permaneció sin ser tocado por Kush. Artículos de lujo de toda África fueron transportados a Egipto a través de la ruta que conducía a través del reino de Kush, por lo que la importancia económica de este reino continuó creciendo. De hecho, las tierras de Kush siempre fueron una tentadora fuente de oro hasta que, finalmente, Ptolomeo II lanzó un ataque, durante el cual obtuvo acceso a las minas de oro de Wadi Allaqi y Gabgaba, al sur de Asuán. El dominio de la dinastía Ptolomeo también trajo consigo a los eruditos helenísticos, que mostraron interés en la cultura, la religión y el pueblo kusita. Sin embargo, los reyes de Kush también desarrollaron contactos con el Alto Egipto, donde prosperaron los rebeldes que se oponían al gobierno ptolemaico. Parecía que Kush estaba constantemente tratando de socavar el dominio egipcio, quizás porque querían recuperar la antigua gloria de la vigésimo quinta dinastía o simplemente recuperar sus antiguos territorios de la Baja Nubia, lo que lograron en el 207 a. C.

El líder de la revuelta del Alto Egipto contra Ptolomeo IV era de ascendencia nubia, Hor-Wennofer (Horunnefer), que capturó Tebas en el 205 a. C. Allí fue aceptado como faraón y gobernó durante seis años. Su hijo, Ankh-Wennofer (Anjunnefer), le sucedió, y gobernó durante diecinueve años antes de ser depuesto por Ptolomeo V Epífanes en 186 a. C. Aunque parece que los kusitas apoyaron la revuelta del Alto Egipto, solo lo hicieron porque vieron la oportunidad de expandir sus territorios sobre la Baja Nubia entre la Primera y la Segunda Cataratas. Sin embargo, no hay evidencia que confirme que Kush logró ganar territorios más allá de la Primera Catarata. Para apoyar aún más la teoría de que el reino de Kush tuvo algo que ver con la revuelta del Alto Egipto, está el acuerdo entre los dos reinos, que dio lugar a que las fuerzas meroíticas lucharan del lado de Ankh-Wennofer contra Ptolomeo V. La dinastía ptolemaica no solo recuperó el trono de Egipto, sino que también logró recuperar los territorios de la Baja Nubia para el año 172 a. C.

Kush fue gobernado por Arqamani y Adikhalamani durante el período de las revueltas egipcias. Debido a que están representados en los templos de la Baja Nubia, ya que esa parte fue devuelta bajo el gobierno de los kusitas, los primeros egiptólogos los consideraban como sub-reyes de las regiones nubias que gobernaban bajo el faraón.

Fue más tarde, durante las excavaciones en el reino de Kush, que los historiadores aprendieron que eran ambos grandes reyes de reinos separados y contemporáneos de Ptolomeo IV.

La opinión general es que el comercio a lo largo del valle del Nilo se interrumpió durante la rebelión y el regreso de la dinastía ptolemaica al trono de Egipto. Aunque el comercio de elefantes se reactivó poco después de la revuelta en Egipto, volvió a morir a mediados del siglo II, probablemente porque la India empezó a suministrar a la dinastía ptolemaica su raza superior de elefantes de guerra.

En el 150 a. C., la Baja Nubia era una unidad administrativa separada dirigida por los gobernantes de Tebas. Este tipo de administración en este territorio en disputa continuó durante el reinado de la dinastía ptolemaica y el gobierno romano de Egipto. Los ciudadanos no egipcios de la Baja Nubia eran gobernados por sus propios jefes indígenas, que también actuaban como funcionarios egipcios. Esto significa que la integración de la política nativa en la administración egipcia se produjo en la Baja Nubia.

Los decenios que siguieron al gobierno de Adikhalamani en el reino de Kush siguen siendo inciertos, ya que no hay suficientes pruebas para ofrecer una imagen de los acontecimientos que siguieron. Sin embargo, fue durante esta época, en algún lugar de finales del siglo II y principios del I, que Egipto se retiró de las partes meridionales de la Baja Nubia. Hay evidencia desde el 117 al 115 a. C. de sacerdotes elefantinos quejándose de bajos ingresos. En la época del gobierno de Ptolomeo XII (80-58, 55-51), no se menciona a él o a sus sucesores al sur de File (cerca de la Primera Catarata).

El reino de Kush entre los siglos III y I

El reino de Kush se integró completamente en el comercio internacional con el mundo helenístico durante el siglo III. Como resultado, los artículos de lujo producidos en Kush, como la cerámica y los animales exóticos, se encontraron en todo el mundo conocido. Pero aunque no hay pruebas de que Kush importara artículos del extranjero (excepto de Egipto), fueron influenciados por los griegos, sobre todo a nivel intelectual y cultural. Comenzaron a implementar el estilo helenístico en sus propias artes, y comenzaron a desarrollar el sistema de creencias helenísticas, que se aplicó al panteón egipcio.

El comercio abrió el reino de Kush al mundo exterior, y con la riqueza y el poder que acumularon, comenzó la expansión del reino. Esta vez, fue una expansión diplomática a través del desarrollo de nuevas alianzas, especialmente con sus vecinos del sur. Como resultado del desarrollo general del reino, se produjo la redistribución del pueblo. La élite rica comenzó a habitar las provincias en los límites del reino porque el comercio internacional los alejaba de las principales ciudades. Mientras que el comercio interno seguía teniendo lugar en los grandes centros comerciales como Napata y Meroe, el comercio internacional se concentraba en las provincias periféricas, donde las caravanas comerciales cruzaban de un reino a otro.

El desarrollo de las relaciones diplomáticas con el sur llevó a la gente a residir en las provincias del sur. Se crearon nuevas ciudades portuarias a lo largo del mar Rojo, lo que significó que la gente empezó a concentrarse también en el este. Pero el movimiento de personas no significa que las ciudades estuvieran vacías. Aún estaban muy vivas, ya que seguían siendo los centros administrativos del reino, donde todo el poder y las riquezas se reunían en manos de la familia real y el sacerdocio.

En las ciudades, los proyectos de construcción de templos de los reyes continuaron, pero esta vez, los cambios de estilo fueron obvios. El reino de Kush siguió las últimas tendencias del Egipto Ptolemaico, así que los nuevos edificios obviamente siguieron la estructura helenística. Los viejos templos fueron abandonados a mediados del siglo III en favor de los recién construidos. Tal destino le ocurrió al templo de Amón en Napata, que había sido construido por la vigésimo quinta dinastía. Aunque todavía estaba en pie durante el siglo III y la mayor parte del II, no se realizaron rituales allí, y no hay evidencia arqueológica o escrita que hable de este templo a partir de ese momento.

Durante el reinado del rey Arnekhamani, la residencia real fue trasladada a Musawwarat es-Sufra. Aparte del complejo del palacio real, el sitio incluye al menos un templo. El complejo de la residencia real, que se extendía por más de 64.000 metros cuadrados, es uno de los logros más importantes de la cultura kusita. Es obvio que los artistas egipcios participaron en la construcción del templo en Musawwarat es-Sufra, ya que sigue el estilo contemporáneo del Egipto Ptolemaico. El culto de Arensnufis, a quien estaba dedicado el templo, surgió como la primera deidad conocida que pertenecía solo a los kusitas. Se desconoce el papel mitológico de esta deidad, pero con el tiempo se extendió por las regiones de Nubia que estaban controladas por Egipto.

Los académicos especulan que la nueva deidad era necesaria para legitimar la nueva dinastía. La nueva familia real tenía raíces en la región de Butana, donde el aspecto de un rey guerrero era aún más importante que en el resto del reino. Arensnufis, que es representado como un león y un humano, era el dios guerrero-cazador del desierto. Pero estas características se atribuyeron ahora a todos los dioses que estaban asociados con la ideología de la realeza: Amón, Apedemak y Sebiumeker.

Otro cambio interesante en la ideología de la realeza se ve en la representación del traje real, que se encontró en el nuevo templo y residencia real en Musawwarat es-Sufra. Basado en la moda ptolemaica contemporánea, los reyes de Kush comenzaron a usar trajes reales de tres partes: una túnica, una envoltura ajustada al hombro y una faja que se ataba alrededor del hombro derecho y el pecho. Todo esto ya se usaba desde el período de la vigésimo quinta dinastía; sin embargo, el estilo cambió. La envoltura solía ser un cinturón, que era atado ceremonialmente por el dios Amón en reconocimiento al gobierno del nuevo rey. Ahora el cinturón era una cuerda con borlas, que se ataba por encima del hombro de la misma manera que el cinturón solía ser, pero esta vez, se asociaba con el dios cazador-guerrero kusita Arensnufis.

Los contactos económicos e intelectuales con el Egipto helenizado de la dinastía ptolemaica también trajeron cambios a la sociedad kusita. Comenzaron a surgir nuevas comunidades tanto en las regiones meridionales como en las septentrionales del reino, y se produjo el desarrollo de las escrituras jeroglíficas y cursivas meroíticas. La escritura cursiva es de particular interés, ya que se desarrolló para servir a los propósitos de la creciente élite. La alfabetización ya no estaba reservada a los reyes y los sacerdotes. Permitió la comunicación aparte de los propósitos administrativos, y fue utilizada por la élite provincial, los administradores locales, los rangos inferiores del sacerdocio, las esposas y los hijos de los comerciantes de clase media y los miembros de las élites no reales. La escritura cursiva se convirtió en un elemento básico de la sociedad de élite, y se utilizó en todas las esferas de su vida.

La primera reina gobernante conocida en el trono de Kush fue la reina Shanakhdakheto. Su nombre fue el primero en ser escrito en las escrituras jeroglíficas meroíticas, y se creyó erróneamente que pertenecía a un rey. Su reinado tuvo lugar a principios del siglo II, de acuerdo con el estilo de su pirámide y los artículos encontrados en ella; sin embargo, se desconocen los años exactos de su reinado. Sus ancestros son desconocidos, y no hay evidencia que nos diga qué rey sucedió. Sin embargo, su representación en la cámara mortuoria, así como en el Templo F en Naqa, muestra claramente que era un gobernante femenino. Su título era "Hijo de Re, Señor de las Dos Tierras", y estaba adornada con joyas para mostrar su poder y riqueza.

En esta representación, está acompañada por un príncipe, probablemente su consorte real, que se exhibe con una túnica de estilo griego y una simple diadema, indicando claramente su posición de no gobernante. Los hombres que están junto a la reina Shanakhdakheto son mostrados tocando su corona, lo que puede ser traducido como la transferencia de poder a ella. Esto podría significar que un gobernante femenino necesitaba probar sus conexiones con la dinastía y el derecho a gobernar. No puede ser un accidente que la siguiente reina gobernante, Amanirenas (cien años después de Shanakhdakheto), tuviera la misma representación en sus relieves.

El gobierno de Shanakhdakheto ofrece mucho a la comprensión de la cultura kusita. No solo fue la primera mujer gobernante, sino que el relieve de su cámara mortuoria muestra cuánto se apartó el reino de Kush de la tradición egipcia durante la nueva dinastía meroítica. Por ejemplo, el rito funerario de las "bailarinas del cuello" está representado en su tumba, representando las costumbres de los kusitas en lugar de las de Egipto, que habían sido populares hasta el siglo III. El relieve de las "bailarinas del cuello" muestra una procesión de músicos y bailarines que acompañaron a la reina en su último viaje al más allá. Otra costumbre puramente kusita se representa en un relieve en el que los hombres sujetan flechas durante la procesión funeraria. El hecho de que la reina Shanakhdakheto tuviera un título de una parte, "Hijo de Re, Señor de las Dos Tierras", en lugar de un título de cinco partes como dictaba la costumbre egipcia, demuestra que la dinastía meroítica se distanció verdaderamente de sus predecesores y de Egipto.

Los cambios que eran tan obvios en la representación de la reina Shanakhdakheto se acentúan aún más durante el gobierno de su sucesor, el rey Tanydamani (aproximadamente 180-140 a. C.). Durante sus reinados, se produjeron sacrificios humanos y animales en los cementerios de la élite. Aún se desconoce si estos estaban relacionados de alguna manera con el cambio de la religión kusita o si eran restos de las tradiciones indígenas. Al principio, durante el comienzo del siglo II, los sacrificios, en su mayoría de caballos y humanos, fueron encontrados en las tumbas de la rica élite. Pero a finales del siglo II y principios del I a. C., también empezaron a aparecer en las tumbas reales. Esto habla a favor de nuevas prácticas religiosas en lugar del resurgimiento de las tradiciones indígenas.

El primer monumento escrito en letra cursiva meroítica es la estela del rey Tanydamani. Desafortunadamente, esta escritura aún no ha sido completamente descifrada. Además de algunos teónimos (referencias a deidades), no se entiende nada más. Sin embargo, estos teónimos indican que el dogma del reinado no ha cambiado y que los cultos de Amón de Napata y Amón de Tebas todavía están vivos en el reino de Kush.

El reino de Kush y Roma

El siglo I estuvo lleno de acontecimientos relacionados con Egipto. El reino se convirtió en la provincia romana y estuvo bajo el gobierno directo del Senado en el año 80 a. C., aunque había sido influenciado por Roma durante mucho más tiempo. Por ejemplo, eventos y figuras como Julio César, Marco Antonio, el suicidio de Cleopatra y el asesinato de su hijo, el reinado de Octavio y el primer prefecto romano de Egipto, Cayo Cornelio, afectaron al reino de Kush.

A Egipto no le entusiasmaba el dominio romano, y una rebelión en el Alto Egipto ocurrió en el 29 a. C., y el Kush meroítico en estuvo involucrado. Cayo Cornelio logró aplastar rápidamente la rebelión, pero para asegurarse de que no volviera a ocurrir, dirigió sus fuerzas en una campaña en la Baja Nubia. Los registros de su campaña están grabados en una estela en File en tres idiomas diferentes: Latín, griego y egipcio. De acuerdo con la estela, el prefecto de Egipto salió victorioso en dos batallas contra los rebeldes, y conquistó cinco ciudades, tras lo cual continuó en la región de Nubia.

La razón de la rebelión fue los altos impuestos en el Alto Egipto, según el historiador griego Estrabón. ¿Pero cómo encajó Meroe en la rebelión? Parece que los gobernantes kusitas de la época querían establecer una nueva frontera con Egipto más allá de la Primera Catarata. Apoyaron la rebelión para debilitar el reino y tomar fácilmente los territorios que querían. Esta teoría se apoya en la lista de ciudades que Cayo Cornelio conquistó: Boresis, Koptos, Keramike, Diospolis Magna y Ophelion, todas ellas cerca de Tebas.

Cayo Cornelio logró retomar toda la Baja Nubia y convertirla en una unidad administrativa especial, tal como lo fue durante el período ptolemaico temprano. Lo hizo para bloquear cualquier avance meroítico en la región y para aislarlos de sus aliados en el Alto Egipto. Se instaló un *tyrannos* para supervisar la región, aunque se desconoce cuánto poder trajo este título. El *tyrannos* de la Baja Nubia fue probablemente un título dado a un jefe local que afirmaría el control sobre los ciudadanos egipcios y no egipcios.

La versión griega de la estela de la victoria de Cayo indica que la región conquistada a la dinastía meroítica se convirtió en un cacicazgo vasallo, lo que significa que el plan romano para todo el reino de Kush era convertirlo en un estado vasallo. Es posible que el emperador Augusto incluso planeara la anexión de todo el reino; sin embargo, esto nunca llegó a suceder, debido a la fuerte oposición de los kusitas.

En el verano del 25 a. C., el emperador Augusto ordenó al segundo prefecto de Egipto liderar una campaña contra Arabia Félix. Instaló en esta posición a Cayo Petronio, quien debía liderar la campaña contra el reino de Kush al mismo tiempo. Sin embargo, Cayo Petronio estaba completamente desprevenido cuando la reina meroítica Kandake Amanirenas decidió lanzar el primer ataque. Los kusitas cruzaron la primera catarata y atacaron a File, Asuán y Elefantina. Egipto fue provocado, y Petronio tuvo que organizar rápidamente un contraataque. Para el invierno del 24 a. C., el emperador Augusto recibió los primeros prisioneros meroíticos, que fueron enviados por el prefecto de Egipto. Estrabón registra que cuando Petronio preguntó a las fuerzas meroíticas por qué atacaban, estas respondieron que estaban enojadas con los recaudadores de impuestos. Pero este relato del conflicto parece indicar que las fuerzas meroíticas eran solo una parte de otra rebelión en la Baja Nubia, no una parte del ataque directo enviado por la reina Kandake.

En el momento de los acontecimientos, la reina Amanirenas era conocida como la reina Kandake, que estaba asociada con el rey Teriteqas. Fue solo después de su muerte que ella lo sucedió y se convirtió en la segunda reina gobernante del reino de Kush. Durante el conflicto con Roma, ella residió en Napata, donde Petronio decidió lanzar el siguiente ataque. Según Estrabón, Amanirenas le ofreció la paz a Petronio, pero él la ignoró y atacó la ciudad. Napata cayó rápidamente y fue arrasada. Sin embargo, Petronio no pudo establecer el dominio romano sobre los territorios conquistados de los kusitas, y tuvo que volver a Egipto. A pesar de esto, se estableció una nueva frontera en Qasr Ibrim, donde la guarnición romana custodiaba la restaurada unidad administrativa nubia.

El emperador Augusto pronto cambió la política imperial romana de anexionar los estados vasallos, por lo que se abandonó la campaña en el reino de Kush. En su lugar, Meroe fue tratado como un estado cliente, y el embajador de Kush fue enviado a negociar la paz con Augusto. La pérdida de Napata era irrelevante para el reino de Kush, ya que su verdadero centro de poder estaba ahora en Meroe. La oposición de Meroe a Roma continuó incluso después de la pérdida de Napata, y después de solo dos años, la reina Amanirenas lanzó otro ataque. Ella dirigió las fuerzas a Qasr Ibrim, donde la guarnición romana acababa de agotar sus suministros. Pero Petronio se enteró de sus planes a tiempo, y llegó al lugar antes que el ejército meroítico. Esto forzó a la reina kusita a negociar la paz. Se impusieron impuestos al reino, y las fronteras se desplazaron aún más al sur hasta Hiera Sycaminos, la actual Maharraqa.

El territorio entre la Primera y la Segunda Catarata ahora pertenecía al imperio romano y fue anexado. Pero la gente que vivía allí eran etíopes, y Roma fue lo suficientemente inteligente como para dejar la administración de la región en manos de la élite doméstica. Toda la región fue observada como una zona militar, con su administración civil solo vagamente ligada al Egipto romano. La zona entre la Primera y la Segunda Cataratas actuaba como una zona de amortiguación, que se suponía que detendría cualquier intento de expansión de los kusitas hacia el norte.

El sucesor de la reina Amanirenas no era su hijo, Akinidad, que aparece a su lado en todas las representaciones. En su lugar, fue sucedida por otra reina gobernante, pero las razones de esto siguen siendo desconocidas. Las inscripciones encontradas en el templo de Amón de Meroe, así como en el Templo T de Kawa, indican que era otra esposa del rey Teriteqas y que heredó el trono después de Amanirenas porque Akinidad no fue aceptada como heredera legítima. Sabemos que estaba vivo porque está representado junto a la reina Amanishakheto, la nueva gobernante, al igual que estaba junto a su predecesor.

La cuarta gobernante femenina le siguió inmediatamente después, y fue conocida como la reina Nawidemak. Ella gobernó alrededor del siglo I d. C. No se sabe nada sobre esta reina, pero los académicos sugieren que hubo algún tipo de problema dinástico, ya que hubo tres gobernantes femeninos concesivos. Sin embargo, no hay evidencia que apoye esta teoría, excepto que el lugar de los entierros reales fue cambiado a menudo durante este período.

El reino de Kush se recuperó del ataque romano a mediados del siglo I d. C., y la dinastía meroítica condujo al reino a una nueva era de prosperidad, que se manifestó a través de la construcción excesiva de monumentos y templos, logros intelectuales y arte. Los dos reyes más merecedores de reconocimiento en lo que se refiere a los proyectos de construcción fueron Natakamani y su co-regente Amanitore. Dedicaron su gobierno a los trabajos de construcción y restauración de monumentos. Para enumerar solo algunos de sus proyectos: el santuario de Amón en Gebel Barkal, el Templo de Amón en Naqa, el Templo de Isis tanto en Waq como en Naqa, un palacio real en Gebel Barkal, y el posterior templo de Amón en la ciudad de Meroe. El estilo de arte de este período sugiere una renovada influencia egipcia, pero esta vez, los detalles romanos prevalecían en lugar de los ptolemaicos. Incluso los nombres de los tronos de los gobernantes se escribieron una vez más en jeroglíficos egipcios, pero el título kusita "Hijo de Re" permaneció sin cambios.

Capítulo 7 - Los últimos siglos del reino de Kush

En el período entre finales del siglo I y el siglo III, hubo una explosión en el desarrollo de nuevos asentamientos. Sin embargo, esto no significó necesariamente un aumento de los ciudadanos de Kush, sino que fue un cambio hacia las nuevas rutas comerciales y regiones agrícolas. Los asentamientos de caravanas, así como las pequeñas comunidades agrícolas, comenzaron a desarrollarse en asentamientos urbanos, muy parecidos a los pueblos o incluso a las ciudades. Este período es rico en hallazgos arqueológicos, que ayudan a arrojar luz sobre la estructura social del reino y menos sobre la historia real y política. La primera impresión al observar este período de la historia de los kusitas es de paz y prosperidad, pero esto podría ser falso, ya que los reyes aún eran valorados por sus habilidades guerreras, lo que sugeriría que se produjo algún tipo de conflicto.

La distribución de los monumentos en todo el reino indica que el gobierno estaba todavía centralizado, lo cual era una tradición que se remontaba a Kush desde la vigésimo quinta dinastía egipcia. Sin embargo, a diferencia de la sucesión patrilineal de Egipto, la sucesión en el reino de Kush siguió su propia línea colateral. Incluso las mujeres gobernantes estaban atestiguadas, y su reinado se consideraba legítimo en la ideología del reinado de los kusitas.

Los problemas que tenían los reyes para controlar las tribus nómadas que habitaban en sus tierras se resolvieron finalmente en el siglo III d. C. Los reyes pudieron finalmente seguir el movimiento de los nómadas e implementar un sistema de impuestos sobre los *hafires*, las estaciones de agua en las que estas tribus se detenían con su ganado. Solo en Butana, había alrededor de 800 *hafires* registrados. Tenían fuentes de agua artificiales y se construyeron como recintos redondos; tenían entre 70 y 250 metros de ancho y 7 metros de alto. Durante la temporada, los nómadas se reunían alrededor de estas fuentes de agua, que siempre tenían un templo adjunto. Ejemplificaban el poder real sobre el pueblo, ya que servían para asimilar a los pueblos no sedentarios a la cultura meroítica Kush. Uno de los *hafires* más grandes era el embalse de Musawwarat es-Sufra, y podía llenar un volumen de hasta 135.000 metros cúbicos.

En las regiones de la Baja Nubia que aún estaban bajo control romano, la élite no egipcia y no romana seguía gobernando en calidad administrativa sobre los ciudadanos, en su mayoría etíopes. De la élite surgiría una poderosa familia que permitiría a la dinastía meroítica participar en los asuntos locales desde el siglo II al IV d. C. De hecho, a mediados del siglo III, los kusitas recuperaron la plena autoridad sobre la región. La poderosa familia de élite que hizo esto posible es conocida como la familia Wayekiye, por el nombre de uno de sus miembros más prominentes. Esta familia continuó siendo mencionada en los textos reales meroíticos durante las siguientes ocho generaciones.

Los miembros de la familia Wayekiye ocupaban altos cargos en la administración y el sacerdocio. El mismo Wayekiye pertenecía a la cuarta generación de la familia y tenía el título de "Mago Principal del Rey de Kush". También era el honorable sacerdote de Sothis y el sacerdote waab de las "cinco estrellas vivas". Ambos títulos representan un cierto nivel de pureza que trajo consigo ciertas responsabilidades. El último título es generalmente aceptado para significar que Wayekiye era un astrónomo, mientras que los dos títulos anteriores son similares al título griego antiguo de profeta. Si los títulos de Wayekiye corresponden a los títulos similares encontrados en Egipto, esto significaría que era el astrónomo y astrólogo real, lo que implica además que tenía una gran educación como "escritor de los libros sagrados". Sus deberes eran medir el tiempo, la longitud de los días en el curso del año, y definir la longitud de la noche y el día en el cambio de las estaciones.

Su título de "Mago Principal del Rey de Kush" es de especial interés, ya que implica fuertes conexiones con la dinastía real meroítica y con la Baja Nubia, en la que residió Wayekiye. La conclusión más obvia sería que Wayekiye recibió este título real a cambio de traer el sistema de medición del tiempo romano-egipcio a la corte meroítica. Wayekiye vivió en la Baja Nubia romana, pero fue invitado al reino de Kush, donde él y su esposa fueron finalmente enterrados. Esto prueba que Wayekiye era la conexión entre los dos reinos, ya que trajo el conocimiento egipcio a los kusitas. Esto por sí solo lleva a los académicos a pensar que Wayekiye también fue un instrumento de influencia política.

Los otros dos miembros prominentes de la familia Wayekiye eran Manitawawi y Hornakhtyotef II, y pertenecían a la cuarta y quinta generación, respectivamente. Eran importantes porque sus títulos indican que ya no estaban al servicio de la provincia romana de Egipto, ya que fueron proclamados "príncipes de Triacontaschoenus" (el término romano para la Baja Nubia) y "agentes del Rey de la Tierra de Nubia". Esto significa que eran gobernadores de la Baja Nubia que fueron nombrados por el rey de Meroe, lo que indica que la Baja Nubia estaba de nuevo en manos del reino de Kush.

La supremacía meroítica en la Baja Nubia se confirma por la falta de guarniciones romanas estacionadas allí. La retirada romana de la región puede haber sido influenciada por la plaga, que ocurrió alrededor de 200 d. C., y la frontera se trasladó al norte, a Asuán. El Kush meroítico tomó la Baja Nubia sin conflicto, pero la zona fue constantemente invadida por los nómadas trogloditas y los blemios.

Los kusitas tuvieron que establecer defensas inmediatas en todo el desierto oriental y las colinas de la costa del mar Rojo.

Al sur del reino de Kush, un nuevo reino se alzó al poder y amenazó las fronteras. Este era el reino de Axum, y es probable que debido a sus avances, los reyes meroíticos se vieran obligados a expandir sus territorios hacia el norte. Un rey desconocido de Axum, que vivió a finales del siglo III, dirigió una campaña militar contra las tribus del norte e incluso llegó a la ciudad de Meroe. Sin embargo, estaba más interesado en establecer una ruta terrestre hacia Egipto con fines comerciales. Axum alcanzó tal poder que, a finales del siglo III, se hizo cargo de la exportación de bienes africanos al mundo mediterráneo, convirtiéndose en un rival económico del reino de Kush.

La desaparición del reino de Kush

Durante finales del siglo III y principios del IV d. C., el reino de Kush era un estado administrativa y socialmente bien desarrollado. La evidencia escrita contemporánea nos ofrece un vistazo al período en que la Baja Nubia estaba bajo el gobierno de un diputado real. El valle del Nilo estaba densamente habitado con ciudades y pueblos que se desarrollaban a un ritmo exponencial. Estas áreas estaban bajo la supervisión de oficiales de distrito, que estaban estrechamente ligados a los cultos de los templos. La zona del imperio Kush entre la Segunda y la Tercera Cataratas estaba bajo el gobierno administrativo de un jefe local, que ostentaba el título de *sleqen*. Residía en Sedeinga, donde se erigían ricas pirámides para las necesidades de los funcionarios. Desafortunadamente, no hay mucha evidencia que nos introduzca en la estructura gubernamental al sur de la Tercera Catarata. Sin embargo, el número de asentamientos y su distribución sugiere que el gobierno de esta zona podría haber sido muy similar al de la Baja Nubia.

A mediados del siglo III, Roma estaba en crisis. Su economía y gobierno estaban en declive en Egipto, y esto influyó mucho en el reino de Kush. Mientras que el gobierno romano de Egipto se reorganizaría bajo el gobierno de Diocleciano (284-305 d. C.), el reino de Kush nunca podría volver a ponerse en pie. Al sur, el reino de Axum se levantó y amenazó seriamente la integridad física y económica del Kush meroítico.

Las pruebas arqueológicas sugieren que el reino de Kush continuó prosperando durante el siglo III, y no estaba, todavía, preocupado por los acontecimientos fuera de sus fronteras. Fue a finales de siglo que la influencia exterior comenzó a afectar negativamente a Kush. El desarrollo desproporcionado del país es obvio en esta época, con el sur deteriorándose mientras que el norte era lo suficientemente rico para prosperar durante algún tiempo.

No hay muchas pruebas que atestigüen lo que ocurrió exactamente en el reino de Kush que lo hizo desintegrarse. El primer problema parece haber aparecido en el sur. La migración a gran escala de personas ocurrió cuando la zona estaba amenazada por el reino de Axum. Pero es solo una teoría que Axum estaba involucrada, ya que era el vecino más poderoso de Kush. Hay pruebas que sugieren que después de que los kusitas se fueron, las partes meridionales del reino no fueron habitadas por los aksumitas sino por los nobatas del desierto, cuyos orígenes siguen siendo un misterio.

El rey que gobernó Kush a finales del siglo III y principios del IV fue Yesebokheamani. Es posible que fuera el rey que afirmó el control meroítico sobre la Baja Nubia una vez que los romanos se retiraron. Hay evidencia de su visita al complejo del templo de File, ya que hay inscripciones meroíticas que conmemoran esta visita. Un monumento a un león en Qasr Ibrim también está dedicado a Yesebokheamani, al menos según la escritura cursiva meroítica.

El emperador romano Diocleciano retiró pacíficamente sus fuerzas de la Baja Nubia, probablemente debido a la amenaza que representaban las tribus de los blemios que vivían entre el Nilo en la Baja Nubia y el mar Rojo. Estas tribus fueron agresivas con Egipto, e incluso iniciaron una alianza con los kusitas meroíticos. En lugar de luchar contra ellos, Diocleciano decidió dejar el territorio y concentrar su poder en otro lugar. En algún momento entre los siglos III y V d. C., los blemios se organizaron en unidades más grandes de reinos tribales. Concentraron su poder y presentaron una amenaza para el Alto Egipto y la Baja Nubia. Para mantener sus territorios seguros, los reyes meroíticos se aliaron con los blemios contra Roma, y para evitar que amenazaran el reino de Kush, prometieron a las tribus asentamientos en la Baja Nubia, que pertenecía a Roma.

Las últimas décadas del reino de Kush y la dinastía meroítica están mal registradas. Las capillas mortuorias de los últimos gobernantes ofrecen evidencia de que la ideología del reinado sobrevivió, así como la sucesión colateral, que era tradicional para Kush. Las pirámides funerarias de los últimos cinco reyes hablan del repentino declive económico del reino. Aunque estas pirámides contenían mucho menos objetos, su expresión arquitectónica, artística e iconográfica confirma la continuidad cultural.

Aunque no ha habido muchos cambios en los lugares de enterramiento de los reyes y la élite, se observa un cambio drástico en las casas de la gente común que vivía en las grandes ciudades del sur, incluida Meroe. La arquitectura del sur comenzó a cambiar y a separarse de la que se veía en el norte del reino. Las grandes y espaciosas casas fueron reemplazadas por otras más pequeñas con paredes de ladrillo de barro y habitaciones estrechas. Sin embargo, estas habitaciones estaban todas situadas alrededor de un gran patio. Este tipo de casas probablemente fueron construidas para miembros de la familia extendida. La diferencia es tan obvia que habla de la aparición de un nuevo tipo de habitación que antes era desconocida en Meroe. La conclusión lógica es que fue traída por los inmigrantes que comenzaron a habitar la ciudad.

Al final de la existencia de Meroe, la evidencia muestra que los templos fueron abandonados, aunque la gente todavía ocupaba la ciudad. El palacio real también fue abandonado, y en su lugar sirvió como cementerio para los plebeyos, que colocaban a sus muertos en los recortes de los muros. En esta época, durante el siglo IV, hubo una falta de cerámica kusita, lo que significa que la producción local de artículos de lujo ya se había detenido y fue reemplazada por los artículos de cerámica de estilo más arcaico. Esta nueva cerámica fue encontrada en sepulturas que no pertenecían al pueblo meroítico y se considera que pertenece al período inmediatamente posterior a la desintegración del reino de Kush.

Los últimos entierros meroíticos de la realeza y la élite de la sociedad datan de mediados del siglo IV. Sin embargo, los nuevos estilos de sepultura de la gente común, así como la aparición de nuevos pero arcaicos estilos de arte de artículos comunes, sugieren la existencia de dos culturas en el período de transición entre el meroítico y el postmeroítico. Estas dos culturas no tenían nada en común, y la transición no fue en absoluto gradual. Esto significa que la nueva cultura debe haber pertenecido a la población recién llegada que trajo su tradición a Meroe.

En Hobagi, a unos sesenta y cinco kilómetros al suroeste de Meroe, se encontraron las primeras tumbas de estos ricos inmigrantes. Las tumbas muestran todos los signos de una comunidad tribal, que había dividido a su pueblo seminómada en dos grupos sociales: guerreros y ganaderos. Estas tumbas postmeroíticas pertenecían al pueblo Noba de las regiones del Nilo Occidental. Sin embargo, el yacimiento de Hobagi necesita más excavaciones y un análisis detallado de los hallazgos para poder sacar conclusiones imparciales.

El pueblo nobatia ocupaba las regiones al oeste del Nilo, que se extendían desde la ciudad de Meroe hacia el norte, donde se encontraba la región de Bayuda. El pueblo nobatia era étnicamente el mismo que los ocupantes del valle del Nilo nubio durante el período del Nuevo Reino (siglos XVI-XI a. C.). Los conflictos entre el pueblo nobatia y el reino de Kush ocurrieron ya en el siglo I d. C., y el primer asentamiento de estas tribus en el territorio kusita fue registrado en el siglo IV por el rey aksumita Ezana. Dejó atrás evidencia textual, que menciona un conflicto entre el reino de Aksum y Meroe. En este documento, los nobatia fueron mencionados como el pueblo que tomó los territorios del norte de Butana y Bayuda de los reyes meroíticos.

Los académicos creen que el reasentamiento del pueblo Nobatia ocurrió por invitación de los reyes kusitas. Debido a la creciente amenaza que representaba el reino de Axum, es posible que los reyes meroíticos adoptaran la estrategia romana de los *foederati*, vinculando a las tribus nómadas al servicio del ejército kusita con tratados especiales. Pero esta es solo una teoría basada en la falta de conflictos entre los nobatia y los kusitas en los primeros años del reasentamiento. Un sistema similar al de los *foederati* romanos en África ocurrió en el reino de Axum. Sus reyes emplearon a las tribus vasallas para luchar contra Meroe en el siglo IV.

En dos ocasiones distintas, Meroe fue ocupada por los reyes aksumitas, lo que se confirma por la excavación de dos estelas triunfales aksumitas, que fueron escritas en el idioma griego. Pero los historiadores no se ponen de acuerdo sobre si esto significó que el reino de Kush se convirtiera en un vasallo aksumita o no. Sin embargo, el hecho de que los reyes de Aksum residieran en Meroe habla de la debilidad de Kush en ese momento. Aksum puede no haber sido el destructor del reino de Kush, pero definitivamente contribuyó a ello.

El final de la dinastía meroítica ocurrió debido a una expedición a Kush del rey Ezana de Axum (320-360 d. C.). Dejó las Estelas Triunfales en Meroe, pero se desconoce si conquistó la ciudad o vino a ayudar a los kusitas contra el pueblo rebelde de Nobatia. Sea como fuere, el reino de Kush ya era tan débil que solo unos años después de la presencia de Ezana en Meroe, la dinastía meroítica desapareció.

El último lugar de entierro real en Meroe perteneció a la reina Amanipilade. La tumba en sí es de muy mala calidad, pero sigue el estilo tradicional de la dinastía meroítica. Sin embargo, el reino no desapareció con esta reina. Continuó existiendo por varias décadas más, ocupando los territorios desde Butana en el sur hasta la Baja Nubia en el norte. Pero los académicos llaman a esta unidad política el estado sucesor postmeroítico, y fue gobernado por los diputados sobrevivientes no reales de un gobernante desconocido que residía en el sur.

Alrededor del 420 d. C., los diputados de la Baja Nubia asumieron títulos reales y comenzaron la dinastía ballana y el reino de Nobatia, por el cual la región de Nubia obtuvo su nombre. El reino de Kush ya no existía. En su lugar, surgieron nuevos reinos: Nobatia, Makuria y Alodia. Pronto se convertirían al cristianismo, y los antiguos dioses egipcios y kusita, como Amón, Mut, Isis y Arensnufis, serían olvidados.

Capítulo 8 - La sociedad de Kush

Las excavaciones realizadas en Napata, Kawa, Musawwarat es-Sufra, y más tarde en Meroe no solo nos permitieron aprender sobre la cronología del reino de Kush, sus gobernantes y la religión. Las ciudades contenían herramientas, arte y objetos cotidianos pertenecientes a la gente común. Basándonos en ellos, podemos reconstruir lo básico de sus vidas, permitiéndonos entender la complejidad de la sociedad kusita.

A través de la conexión ambivalente con Egipto, con quien el reino de Kush estaba en constante conflicto, podemos observar las influencias que los dos reinos tenían entre sí en lo que respecta a las tradiciones culturales, el idioma y las escrituras. Desafortunadamente, es necesario hacer más excavaciones en las áreas del otrora poderoso reino de Kush para que podamos entender todos los matices de la estructura social del reino. Poco se sabe de los plebeyos, ya que no dejaron ningún rastro tras ellos. Basándonos en lo que sabemos de Egipto y su influencia en la cultura kusita, aún podemos aventurar una suposición, especialmente cuando se trata de la 25ª Dinastía y sus descendientes, la dinastía de Napata.

Los asentamientos del período Napata

Los primeros documentos del período Napata muestran la estructura de gobierno territorial y su implementación en los asentamientos que brotaron alrededor de los templos de Amón y la residencia real. Estos asentamientos, incluyendo Kawa, Napata y Meroe, consistían en los templos de Amón y el palacio real, que estaban hechos de piedra y ladrillo. Los asentamientos también contenían talleres y áreas de habitación que abastecían a varios niveles de la sociedad. Los talleres no solo servían para la producción local de un asentamiento. De hecho, eran espacios enormes que abastecían a todo el reino con diversos artículos, como cerámica, artículos de alfarería, y más tarde incluso herramientas de hierro. Estos talleres estaban bajo la autoridad real o del templo, ya que no eran propiedad de individuos sino del reino. Algunos asentamientos tenían residencias reales menores en lugar de palacios, y también tenían lugares abiertos especiales dedicados a varios festivales de templos.

La vida en la región del Nilo Medio dependía en gran medida de los niveles del río y de los cambios ocasionales de su curso. Los principales centros agrícolas se concentraban allí, ya que era la región más fértil del reino. Sin embargo, ninguno de los asentamientos agrícolas muestra signos de consistencia. El impredecible caudal del Nilo, así como las tendencias políticas y religiosas del período, a menudo dictaban el constante movimiento de personas. Además, la calidad de la producción pudo haber disminuido en algunas regiones a medida que la gente se desplazaba en busca de terrenos más fértiles. Lamentablemente, no se han hecho muchas excavaciones en los asentamientos agrícolas para llegar a conclusiones concretas sobre el movimiento de personas y la densidad de las zonas habitadas. Por lo tanto, no se pueden sacar conclusiones sobre el tamaño de los asentamientos agrícolas o su prosperidad.

Sin embargo, la prosperidad general del reino fluctuaba y dependía en gran medida del comercio internacional y las relaciones con Egipto. En los capítulos anteriores explicamos que, aunque había cierto grado de conflicto entre Egipto y el reino de Kush, a menudo prevalecía la necesidad de las rutas comerciales transafricanas. Así pues, los dos reinos disfrutaban de varios tratados comerciales que llevaban artículos africanos de lujo al mundo mediterráneo. Pero fue el control de estas rutas comerciales lo que a menudo provocó el conflicto en primer lugar. Parece que Egipto y Kush estaban atrapados en un círculo de dependencia y conflicto.

A diferencia de los asentamientos agrícolas, las principales ciudades y pueblos mostraban signos de consistencia. Los académicos creen que esto se debió a la cuidadosa selección de su ubicación geográfica, que benefició no solo su estatus económico sino también la defensa táctica. Pero la calidad de vida en estos asentamientos permanentes dependía en gran medida de la vida política del reino. Cuando los acuerdos comerciales con los reinos vecinos estaban en vigor, la calidad de vida en la ciudad era alta. Pero en tiempos de conflicto, se reducía mucho por la falta de ingresos internacionales. Pero la vida en la ciudad también estaba influenciada por la riqueza de la familia real y la élite de la sociedad, que estaba estrechamente relacionada con los antecedentes políticos del reino.

En Napata, no hubo muchos cambios en la estructura urbana de la ciudad. El único cambio notable fue la reubicación de la necrópolis real desde la orilla opuesta del río a las laderas de Gebel Barkal. La necesidad de trasladar la necrópolis podría haber venido de la importancia de Gebel Barkal en los ritos religiosos de los kusitas. No se notaron cambios en la estructura de las habitaciones de Napata.

En Meroe, las habitaciones estaban divididas del palacio real y el templo de Amón por los canales del Nilo. Esto probablemente no se hizo como una separación entre las clases sociales sino por la necesidad de irrigación, ya que el Nilo se retiró gradualmente de los alrededores de la ciudad. Fue este cambio en la cuenca del Nilo lo que probablemente llevó al abandono del templo de Amón en Meroe y a la necesidad de uno nuevo.

Además de los asentamientos agrícolas y las capitales permanentes, el reino de Kush también era rico en caravanas comerciales y bases militares. Estas fueron vistas como asentamientos, aunque eran de corta duración y a menudo cambiaban de ubicación en base a la necesidad de los comerciantes o la defensa del reino. La mayoría de los asentamientos descubiertos entre la Tercera y la Primera Catarata del Nilo eran de este tipo, y pertenecían al período de dominio ptolemaico en Egipto. Musawwarat es-Sufra se considera un tipo especial de asentamiento, conocido como el Gran Recinto, ya que era un complejo de templos y un lugar de peregrinación.

El arte

El reino de Kush adoptó su iconografía de Egipto, pero solo su estilo. Por ejemplo, en Egipto se representaban varios pueblos y la iconografía estaba disponible incluso para los plebeyos. Esto no ocurrió en Kush. Durante el período temprano de Napata, la representación de la figura humana estaba reservada solo para las imágenes de los dioses y los miembros de la familia real. Sin embargo, había excepciones a la regla. Además de los sacerdotes sin nombre, un rasgo que aparece en los relieves kusitas, también hay tallados de algunas figuras no reales muy importantes, como héroes o funcionarios administrativos de gran importancia. Sin embargo, las representaciones de figuras importantes nunca tuvieron un significado de culto.

Aparte de las tallas en relieve de los templos, los palacios reales y las tumbas, en las artes menores, como la alfarería, hay representaciones de figuras de personas anónimas. Pero aquí, la figura humana tiene un propósito puramente ornamental y no se le atribuye a un individuo específico. En los casos en que la figura humana no se usaba como ornamento, se utilizaba como personificación del concepto de reinado. Esto significa que los humanos eran representados solo como los asistentes del rey o sus dolientes después de su muerte.

Las esculturas monumentales siempre estuvieron reservadas para lo divino y lo real. El propósito de los colosales monumentos kusitas era mostrar la conexión entre el dios y el rey. Aquí, Kush siempre se las arregló para seguir las tendencias egipcias contemporáneas. El primer período de Kush representaba a los dioses con rostros eternamente jóvenes y figuras esbeltas, mientras que los reyes se representaban de forma más realista, con rasgos faciales con características étnicas. Sin embargo, los kusitas nunca representaron a la persona real, ya que estaban más generalizados en la etnia nubia. A diferencia de lo divino, los cuerpos reales eran musculosos, influenciados por el arte del Reino Antiguo y Medio de Egipto.

La mejor representación del realismo étnico kusita es probablemente la estatua de la reina Amanimalolo del templo de Amón de Napata. Se la representa como una persona pesada y esteta, pero no era así como se veía en realidad. Este era el ídolo de la belleza entre las mujeres de la realeza kusita, y también era un signo de fertilidad. Debido a que la sucesión en Kush era matrilineal, la fertilidad de la esposa o madre del rey era el signo de legitimación de la realeza.

Las representaciones monumentales de los reyes cambiaron después del reinado del rey Aspelta, ya que estaban bajo la influencia directa de la vigésimo sexta dinastía. Ya no se representaba a los reyes como figuras musculosas, sino como hombres de miembros lisos, pero no delgados. El rey ahora carecía de músculos, pero el grosor de su cuerpo era una representación de su poder. Al principio, los arqueólogos pensaron que la falta de detalles en las esculturas significaba un declive en su calidad, pero resulta que era solo una tendencia artística que pasó rápidamente. Durante el final de Napata y el principio del período meroítico, la representación tradicional de los músculos resurgió.

El arte existía en Kush solo como una forma de expresión de los dogmas religiosos y las ideologías del reinado. Aunque la ornamentación de artículos de lujo era común, no representaba realmente el arte de la cultura kusita, ya que en su mayoría seguía el estilo egipcio contemporáneo. La producción en masa de artículos cotidianos de arcilla y hierro estaba destinada tanto al uso interno como a la exportación. Sin embargo, los artículos de lujo encontrados en las tumbas reales de los templos sugieren la existencia de pequeños talleres reales, donde los artículos de lujo habrían sido hechos por artistas. Desafortunadamente, muchas de las tumbas kusitas fueron saqueadas en más de una ocasión, y solo hay un puñado de estos artículos. Debido a esto, es prácticamente imposible determinar si eran, de hecho, de origen kusita en primer lugar.

El gobierno y la estructura social del período meroítico

Durante el período meroítico temprano, aparecen los primeros signos de la división social entre el norte y el sur del reino. En el norte, entre la Primera y la Tercera Catarata, surgió la élite profesional, mientras que en el sur, no hay aún evidencia de ningún tipo de élite. Esto puede deberse a la falta de excavaciones arqueológicas en la región, pero es más probable que la sociedad del sur tuviera valores tradicionales diferentes. Después de todo, el norte estaba en constante contacto con Egipto y estaba influenciado por él, especialmente por la rivalidad en la Baja Nubia. Pero la diferencia en la estructura social no significa que la administración del reino variara mucho en las distintas regiones. De hecho, los títulos oficiales eran los mismos en el norte que en el sur.

En cuanto a la economía del reino durante el período meroítico, estaba interconectada con la administración, ya fuera cívica, real o del templo. Los funcionarios del gobierno recaudaban impuestos, pero al mismo tiempo, también eran funcionarios del templo que recaudaban donaciones. Esto se debe a que los templos de Amón y la residencia real se consideraban dos cuerpos del mismo espíritu; el rey era un gobernante en la Tierra, pero al mismo tiempo, era divino. Más adelante explicaremos con más detalle la conexión entre la religión y la realeza, ya que en Kush fueron inseparables hasta el final, mientras que en Egipto la separación de Amón y el rey se produjo durante el período ptolemaico.

La creación de la escritura cursiva meroítica durante el siglo II a. C. pudo deberse a la necesidad de una nueva dirección administrativa del reino. Sin embargo, la nueva escritura fue utilizada principalmente por la creciente clase profesional del reino de Kush.

La Baja Nubia estaba bajo el control de los oficiales meroíticos, que tenían el título de *peseto*. Tenía un papel similar al de un virrey de hoy en día, y fue nombrado de una familia de élite no real. El título no era hereditario, aunque había casos en los que permanecía en la familia extendida. Durante el siglo III a. C. empezaron a aparecer nuevos títulos en la Baja Nubia, y muestran la estrecha conexión entre el Kush meroítico y el Egipto romano. Los títulos eran *apote Arome-li-se* ("enviado a Roma") y *apote-lh Arome-li-se* ("gran enviado a Roma"), y estaban reservados a la élite administrativa o sacerdotal de la Baja Nubia.

A finales del siglo I a. C., un título más surgió en el reino de Kush. Esta vez, estaba ligado a la zona entre la Segunda y la Tercera Catarata. Se nombraron sacerdotes para el cargo de *sleqen*, que era un título administrativo similar al del *peseto* de la Baja Nubia.

Debido a la falta de pruebas, no se sabe nada sobre las clases bajas de la sociedad kusita. Sin embargo, excavar los distintos asentamientos puede darnos una idea del número de personas que habitaban en ciertas regiones. Es seguro decir que Meroe, como centro real, religioso y comercial, atrajo a gente de todas las clases. Por otro lado, Naqa, que se encuentra al sur, carece de hábitats no lujosos, y se presume que este asentamiento fue habitado solo por la élite provincial. Los ganaderos nómadas no pueden ser rastreados a través de la historia. Debido a su modo de vida y a sus constantes movimientos, no dejaron ningún rastro, y es imposible prescribirles ningún hallazgo arqueológico. Sin embargo, es un caso diferente con las sociedades agrícolas de la Baja Nubia. Allí, se excavaron aldeas que consistían en aproximadamente veinte o treinta casas. Las tumbas encontradas en los alrededores de estos pueblos atestiguan que la vida de un agricultor era de alto nivel. Los objetos excavados tanto en las aldeas como en los cementerios lo confirman. Sin embargo, el pequeño tamaño de estos asentamientos sugiere que los agricultores no eran considerados como una clase baja de la sociedad, sino, de hecho, de mediana a alta.

Al sur de Maharraqa, se encontraron varios cementerios que se cree que pertenecían a la clase guerrera. Los objetos encontrados con los cuerpos enterrados son muy pobres, pero las sepulturas están dispuestas en grupos cercanos, lo que indica algún tipo de organización militar. Desafortunadamente, estos cementerios no pueden dar ninguna evidencia de la vida militar de los kusitas. La evidencia textual siempre se enfoca en el rey como el guerrero máximo y nunca habla de un ejército regular. Incluso el pequeño número de armas encontradas durante las excavaciones de los sitios de los kusitas siempre estuvieron conectadas con los reyes y solo se encontraron en sus lugares de sepultura. A menos que se hagan más excavaciones y se encuentren más sitios, las defensas del reino de Kusita y su ejército permanecerán completamente desconocidas.

La sucesión en el reino de Kush era matrilineal, y esto no era solo una regla para los reyes y las reinas. La evidencia arqueológica encontrada en las tumbas de la élite confirma que se siguió una línea de sucesión matrilineal similar. El nombre de la madre siempre aparece primero en las tumbas de los difuntos, ya fueran sumos sacerdotes, secretarios o virreyes de la Baja Nubia. La madre legitimaba el estatus social del individuo, pero no está claro si la sociedad de élite solo imitaba el decoro real o si era la regla de sucesión generalmente aceptada que simplemente trascendía todas las capas sociales.

El estatus social en la cultura kusita era muy importante, incluso para la vida después de la muerte. Esto se muestra no solo en la riqueza de las tumbas de la élite, sino también a través de la jerarquía de las tumbas de la élite. Un *peseto* siempre fue enterrado en la pirámide más alta y rica, que estaba situada en el centro del cementerio, y estaba rodeado no solo por su familia sino también por sus subordinados. Los sacerdotes eran enterrados a distancia de los *pesetos* y sus familias para mostrar la importancia única de su clase.

La religión y la realeza de los kusita

La religión del reino de Kush era politeísta y estaba muy influenciada por Egipto. Durante las primeras excavaciones en la región, que se realizaron a principios del siglo XX, se cometió un error que identificó a la cultura kusita como egipcia. Los primeros arqueólogos no marcaron la diferencia entre los dos reinos, ya que se creía que la Baja Nubia era una parte constante de Egipto. Sin embargo, mayor investigación demostró que Nubia era una región específica, aunque estaba influenciada por Egipto hasta el punto de que la frontera entre las dos culturas se vuelve casi invisible. Kush nunca estuvo habitada por muchos egipcios, ya que tenía su propio pueblo indígena. Pero algunas partes de ella estaban bajo dominio egipcio, lo que fue suficiente para la excesiva egiptización de la población local.

Esta egiptización continuó una vez que los reyes de Kush conquistaron Egipto y lo gobernaron como la vigésimo quinta dinastía. Aunque el reino de Kush comenzó a mostrar algunos signos de su propia cultura independiente a finales del período de Napata, fue la dinastía meroítica la que se distanció de la influencia de Egipto. Sin embargo, el contacto constante, ya sea a través de la guerra o de acuerdos comerciales, demostró que los lazos con Egipto nunca se cortaron realmente.

El reino de Kush surgió como un estado sucesor del dominio egipcio sobre las regiones nubias. Como tal, adoptó el sistema de creencias egipcio. Los templos egipcios ya existentes fueron la base para el desarrollo de la religión kusita. En la capital de Napata, el Gran Templo de Amón fue erigido durante el siglo XIII a. C., probablemente durante el reinado de Tutmosis III y Ramsés II. Este templo, al igual que el dios al que estaba dedicado, Amón, jugó un papel central en la vida religiosa de los kusitas. Desde el reinado del rey Piye, aquí era donde todos los reyes tenían que ser coronados antes de embarcarse en su gira de coronación. Incluso cuando la capital del reino se trasladó a Meroe, los reyes de la dinastía meroítica vinieron a Napata para ser coronados en su templo de Amón.

El dios Amón era de origen egipcio, pero su importancia fue llevada a nuevas dimensiones en el reino de Kush. Amón, pronunciado como Amane o Amani en el idioma de Kush, era de importancia nacional. Era el padre de los reyes y gobernaba sobre todo. Amón fue atestiguado por primera vez durante el Viejo Reino, donde era un dios del viento. Pero más tarde, se fusionó con otras deidades y finalmente fue elevado a la posición de la deidad principal en la religión egipcia. Cuando Amón se fusionó con el dios Re para formar Amón-Re, se convirtió en la deidad solar, padre de todos los dioses y hombres, y el creador del universo. En Kush, Amón fue representado con la cabeza de un carnero. Esto era en realidad un remanente de la antigua cultura de Kerma y su deidad solar, que fue representada como un carnero. Cuando los egipcios conquistaron por primera vez la sociedad de Kerma, identificaron su deidad principal con Amón.

La conexión entre Amón y los reyes kusitas comienza ya desde el gobierno del rey Kashta. Aunque no es conocido por tener el título real similar a los de reyes posteriores, el respeto de Kashta por Amón se muestra en el ascenso de su hija a la posición de la Divina Adoratriz de Amón. Este fue el primer evento conocido en el que un rey de Kush usó el poder de una deidad para promoverse a sí mismo y a su dinastía. La conexión entre Amón y los reyes kusitas comenzó. Desde ese momento, los reyes fueron vistos como los hijos de Amón, y como tales, tenían sus propios cultos. Los sacerdotes y oráculos de Amón podían oír los mensajes del dios, y eran los que anunciaban al siguiente rey. Una vez que el nuevo rey era coronado en el templo de Napata de Amón en Gebel Barkal, comenzaba un viaje a través de su tierra para ser coronado en cada templo importante dedicado a este dios. Dependiendo de la inmensidad de los territorios que gobernara un rey, esta ceremonia podía durar unos cuantos años. Durante este período, el reino estaba bajo el gobierno directo de Amón. Aunque el nuevo rey podía asumir todos sus deberes, no se le consideraba un verdadero rey hasta que terminaba la gira de coronación.

Otros detalles de la religión kusita son escasos, en gran parte debido al hecho de que el lenguaje meroítico aún no está completamente descifrado. No se sabe mucho sobre los otros dioses kusitas, y todo lo que podemos hacer es interpretar los relieves de ellos en los templos y tumbas de los reyes y reinas. Parece que otros dioses egipcios eran adorados en Kush, como el dios de la luna Khonsu, Thoth, Re, Khnum, y las diosas Hathor, Isis y Mut.

Pero parece que los dioses no eran adorados en todas las regiones del reino. El dios de las cataratas del Nilo, Khonsu, era especialmente importante en el callejón del Nilo. La Baja Nubia también adoraba a Horus, mientras que en el sur del reino se le mencionaba poco. La tradición mortuoria también fue adoptada de Egipto, y con ella vino la adoración de las deidades mortuorias egipcias, como Osiris, su hermana Isis, Anubis y Neftis. Isis se convirtió en la esposa de Amón en un período posterior y ya no estaba asociada con los ritos mortuorios. En su lugar, se convirtió en la madre mitológica de los reyes kusitas.

Como se ha explicado en capítulos anteriores, con el ascenso de la dinastía meroítica, se produjo una mayor separación de la influencia de Egipto. El período meroítico vio la introducción de varias deidades que claramente no eran de origen egipcio. Sin embargo, es imposible afirmar que eran dioses puramente kusitas. La influencia de sus vecinos del sur es posible, pero aún no está confirmada. Estas deidades eran Apedemak, un dios guerrero asociado con la realeza; su esposa, Amesemi, la diosa de la protección; Sekhmet, la madre de Apedemak y la diosa de la ira y el caos; y Bastet, la diosa de la maternidad. Todas estas deidades meroíticas están conectadas al sur del reino, mientras que el norte continuó adorando principalmente a los dioses egipcios.

Los animales también desempeñaron un papel importante en la religión kusita, y a menudo se les representa en los relieves de los templos. El ganado se asoció con el norte, donde desempeñó un papel importante en diversas procesiones religiosas. En el sur, el animal más sagrado era el elefante. Otros animales relacionados con la religión eran los babuinos y los cocodrilos. Los detalles de los rituales religiosos permanecen oscuros, pero de los relieves de los templos y tumbas, podemos concluir que las ofrendas de comida y bebida jugaron un papel importante. Más tarde, se introdujeron sacrificios de animales y humanos, pero desaparecieron rápidamente.

Al igual que en Egipto, la vida después de la muerte era un aspecto religioso muy importante para los kusitas. Creían que la vida continuaba después de la muerte, y por eso eran enterrados con varios artículos que podían necesitar en la otra vida, desde joyas y cerámica hasta ofrendas de comida e incluso sus mascotas favoritas. El rasgo egipcio de los ritos mortuorios adoptados por el reino meroítico era la erección de las estatuas *Ba*. Estas eran estatuas de pájaros con cabezas humanas que representaban al difunto. *Ba* era la parte del alma que podía viajar entre los mundos, mientras que *Ka* era la parte del alma que era la fuerza vital y necesitaba un nuevo cuerpo. Este nuevo cuerpo era otra estatua, hecha a semejanza del difunto para que la fuerza vital pudiera reconocer a su dueño. Había incluso una tercera parte del alma que, después de la muerte, viajaba para unirse a los dioses.

Vea más libros escritos por Captivating History

Conclusión

Aunque a menudo se pasa por alto y se malinterpreta en gran medida, el reino de Kush fue, sin duda, una gran potencia en el mundo antiguo. Era la frontera sur del mundo clásico, y con sus desiertos, minas de oro, y animales y artículos exóticos, intrigaba a los gobernantes de Egipto tanto como a los antiguos griegos y romanos. El reino, asentado en el valle del Nilo Medio, pasó por tres fases distintas. Aunque todavía no era el reino de Kush, la cultura Kerma unió a los pueblos de la región de Nubia una vez que fue abandonada por Egipto. Los primeros gobernantes que soñaron con una sola civilización no solo lograron iniciar su propio reino, sino que también lograron conquistar el poderoso Egipto.

El rey Kashta fue nombrado por los egipcios, y su nombre simplemente significa "El Kusita". Esto significa que el creciente poder de su reino unido ya era lo suficientemente fuerte para ser reconocido. Se convirtió en un atributo digno de ser el nombre de un rey. Aunque muy influenciado por Egipto, Kush fue siempre una entidad política separada, cuyos líderes defendían sus riquezas. Aunque en la parte norte, la Baja Nubia, a menudo se producían cambios en la administración y en el gobernante, su pueblo seguía siendo kusita por cultura, etnia y naturaleza.

Durante la dinastía meroítica, la Baja Nubia se perdió, pero su sacerdocio y su pueblo continuaron gravitando hacia el sur. La región fue desgarrada por varios conflictos (Egipto, Asiria, Meroe y Roma), pero también estaba habitada por gente rebelde con su propia idea de independencia. Más tarde, fundaron su propio reino de Nobatia, que dio el nombre moderno de "Nubia" a toda la región.

El reino meroítico de Kush prosperó bajo la nueva dinastía, pero el centro del poder se trasladó de la capital norteña de Napata a la ciudad sureña de Meroe. Este fue el período en el que Kush comenzó a mantenerse en pie por sí mismo. Aunque puede haber sido influenciado por las tribus nómadas migratorias, comenzó a desarrollar su propia cultura sureña, primero a través del lenguaje, los nuevos dioses y las escrituras.

Pero nada dura para siempre. El mundo estaba cambiando alrededor del reino de Kush, y no podía mantener sus fronteras. Los académicos creen que el surgimiento del reino sureño de Axum trajo la destrucción de Kush de una manera u otra. Mientras que algunos creen que fue una conquista directa la que llevó a Kush a su fin, otros creen que tal destrucción nunca ocurrió. Según ellos, Kush desapareció pacíficamente, disipándose en los reinos vecinos más poderosos que asumieron su papel en la economía y la escena política del continente africano.

www.ingramcontent.com/pod-product-compliance
Lightning Source LLC
LaVergne TN
LVHW041647060526
838200LV00040B/1749